SYNDICAT
COMMERCIAL & INDUSTRIEL
DE LYON

TRAVAUX DE LA CHAMBRE SYNDICALE

1873-1893

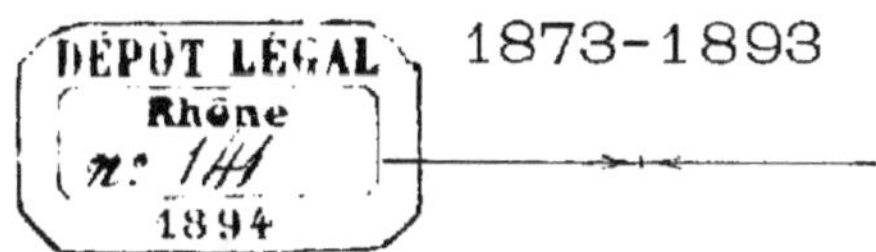

NOTICE HISTORIQUE

Sur l'Industrie des Produits chimiques à Lyon (Par M. J. Coignet)

LYON

IMPRIMERIE DU SALUT PUBLIC

71, Rue Molière, 71.

1894

Monsieur le Président,

Messieurs les Membres de la Chambre de Commerce
de Lyon,

La vingt et unième année, anniversaire de la fondation du Syndicat commercial et industriel, qui coïncide avec l'ouverture de l'Exposition Universelle, Internationale et Coloniale de Lyon de 1894, nous a engagé à présenter à nos adhérents le résumé des travaux de notre Chambre syndicale pendant ces vingt dernières années, suivi de l'histoire de l'industrie des Produits chimiques à Lyon.

En offrant ce modeste travail à la Chambre de Commerce de Lyon, nous acquittons une dette de reconnaissance pour la bienveillance que la Chambre a toujours témoignée à nos réclamations, et pour l'appui qu'elle a bien voulu leur prêter auprès des Pouvoirs publics.

En vous priant d'agréer cet hommage, nous vous présentons, Monsieur le Président et Messieurs les Membres de la Chambre de Commerce, nos respectueuses salutations.

Le Président du Syndicat commercial et industriel de Lyon,

Gabriel LYONNET.

Lyon, le 28 avril 1894.

SYNDICAT COMMERCIAL & INDUSTRIEL DE LYON

*Denrées coloniales, — Huiles, — Drogueries, — Peintures, — Couleurs,
— Produits chimiques, — Stéarineries, — Pâtes alimentaires.*

COMPOSITION DE LA CHAMBRE SYNDICALE

Année 1893.

MM.

G. LYONNET, *Président ;*
R. BUISSON, *Vice-Président ;*
J. COIGNET, *Secrétaire ;*
P. PIOT, *Trésorier ;*
BERTHET.
BRÉSARD-NÉEL.
CADOT.
CHEVALIER.

MM.

FAVRE.
J. GIRARD.
GONON-ROUX.
J. MALET.
RADISSON.
RIBOLLET.
SATTIN-BERTHET.

Année 1894.

MM.

G. LYONNET, *Président ;*
L. PICARD, *Vice-Président ;*
FAVRE, *Secrétaire ;*
P. PIOT, *Trésorier ;*
BERTHET.
F. FERRAND.
FAUSSEMAGNE.
S. GIRARD.

MM.

GONON-ROUX.
KUNTZ.
LAPRÉVOTE.
RADISSON.
RIBOLLET.
ROUX-PACCALLET.
SATTIN-BERTHET.

ÉTAT NOMINATIF AU 31 DÉCEMBRE 1893

de MM. les Membres du Syndicat commercial et industriel

Denrées coloniales. — Huiles.

MM. Berthet et Cie, place de la Miséricorde, 9.
Bibollet et Rolland, rue Dubois, 21.
Blanc frères, rue Molière, 120.
Bor, E., rue Octavio-Mey, 2.
Jules Bourges et Cie, rue Pierre-Corneille, 92.
Brésard-Néel, place de la Miséricorde, 2.

Carnet et Ducaine, rue Bât-d'Argent, 18.
Carnet, B., rue du Bât-d'Argent, 18.
Charry et Cie, rue Vendôme, 265.
Clavel, F., rue Dubois, 21.
C. Collet et Desgranges, quai Pierre-Scize, 88.
Cuaz-Clavel, rue Lanterne, 28.

De Lobstein, place Raspail, 10.
Desmules fils aîné, rue de Bourgogne, 5.
Les Fils de Deutsch, rue de la Claire, 86
Didier, E., rue Centrale, 4.
Duc, Marius, quai Tilsitt, 19.
Dupasquier, F., rue de la Poulaillerie, 14.

Faure, T., rue de Gadagne, 2.
Fenaille et Despeaux, rue Constantine, 2.
Ferriot, L., rue du Garet, 16.

Gauthier, quai de l'Archevêché, 12.
Gazagne frères, rue Lanterne, 14.
Gouillioud, rue de Paris, 34.

Houssiaux, cours d'Herbouville, 3.
Hugounenc, G., place Saint-Pothin, 13.

Jullien et Roux, rue de la Platière, 7.

MM. Lamure fils, rue Grenette, 24.
Lavirotte, quai Saint-Vincent, 31.
Lyonnet et Cⁱᵉ, rue du Bât-d'Argent, 31.

Omer Mirad, rue Pierre-Corneille, 72.
Monavon, quai Pierre-Scize, 76.

Paret, Grande-Rue de la Guillotière, 92.
Paviot, Jules, quai de la Pêcherie, 10.

Pichon, cours de la Liberté, 70.
Poncet, rue de la Claire, 75.

Réglain, A., rue d'Algérie, 21
Ribollet fils, quai Pierre-Scize, 71.
Roux-Paccallet, rue Montgolfier, 9.

Sattin, rue Molière, 5.
Sattin-Berthet, quai de la Pêcherie, 3.
Schmitt, place Morand, 15.
Schmoll, A., place Sathonay, 3.

Vacher, Léopold, rue des Forces, 6.
Vaesen frères, place de la Miséricorde, 5.
Vernay et Cⁱᵉ, quai de l'Hôpital, 9.
Vignon, quai de la Guillotière, 16.

Weinborn, rue de l'Arbre-Sec, 11.

Drogueries. — Peintures. — Couleurs.

MM. Barrioz, F., chemin Croix-Morlon à Saint-Alban, 24.
Battu, rue Sainte-Marie-des-Terreaux, 4.
Berthier et Mauriat, rue Childebert, 5.
Biétrix aîné et Cⁱᵉ, rue Lanterne, 29.
Biétrix frères, rue Lanterne, 29.
Bouchard et Cⁱᵉ, rue Neuve, 12.
Bouvard, rue Constantine, 8.
Brun, rue de la Préfecture, 8.
Bugnard et Lacombe, rue de la Poulaillerie, 15.

Cadot frères, quai de la Guillotière, 9.
Chevron et Cⁱᵉ, rue Lanterne, 30.

MM. De la Calle et Soenen, directeurs de la Pharmacie Centrale, rue
  Sainte-Marie-des-Terreaux, 3.
  J.-A. Diederichs et Cie, quai des Brotteaux, 11.
  Dubost, place de la Miséricorde, 8.
  Duverdy fils, route de Vénissieux, 27.

  Galley et Germain, rue Neuve, 7.
  Geoffray, L., rue Saint-Nizier, 4.
  Gilliard, P. Monnet et Cartier, quai de Retz, 8.
  Glénard frères, rue Quatre-Chapeaux, 7.
  Gonon-Roux, rue Constantine, 8.

  Jomain frères et Audouard, rue Lanterne, 7.

  Kuntz et Rochaix, rue de la Platière, 10.

  Martin, rue de la Barre, 10.
  Masson et Bomboy, rue de la Préfecture, 8.
  Mélot, Favier et Peillon, avenue de Saxe, 225.
  Mercier, rue de l'Hôtel-de-Ville, 67.

  Pernel frères, quai des Brotteaux, 31.
  J.-B. Perret, rue de la Poulaillerie, 13.
  Piot fils, rue du Bât-d'Argent, 18.
  P. Piot et Cie, rue de la Poulaillerie, 13.
  Poizat neveu et fils, rue Constantine, 8.
  Pugin et Favre, quai Saint-Vincent, 58.

  Theurier, A. fils, à Pierre-Bénite.

  Vinciguerra, rue de Sèze, 23.

3° A. — **Produits chimiques.**

MM. Augé, rue Garibaldi, 23.

  Barbier frères et Cie, à Saint-Fons.
  Blanchon et Allegret, rue Sainte-Pauline, 28.
  Ve Bouvier, rue de Gerland, 22.
  René Buisson, rue Victor-Hugo, 41.
  Burelle, rue Gasparin, 20.

  Chassignol-Valla, cours Lafayette, 147.
  Claudy fils aîné, quai de l'Industrie.

MM. Coignet et Cⁱᵉ, rue Rabelais, 3.
Condat ainé, chemin de Gerland, 73.
Courtois et Boissac, chemin de Gerland, 99.
Couvert-Saulnier, rue de la Pyramide, 91.

Deiss, Odet et Cⁱᵉ, rue Pré-Gaudry, 10-12.
Doix-Mulaton et Wolf, rue Neuve-des-Charpennes, 64.
Dulot, cours d'Herbouville, 48.

O. Enjolras et Cⁱᵉ, route de Vienne, 303.

Fauquet et Cⁱᵉ, rue de la Pyramide, 84.
Faussemagne, avenue de Saxe, 316.

Gillet et fils, plan de Vaise.
E. Guimet, à Fleurieu-sur-Saône.

Jacquand père et fils, A. Coignet et Cⁱᵉ, successeurs, quai de la
   Pécherie, 3.
Jalabert et Cⁱᵉ, rue de Marseille, 31.

S Laprévote et Cⁱᵉ, rue de Béarn, 4.
Leblanc frères, quai de l'Industrie.
Lourd frères, rue de la Pyramide, 10-12.
Laroche et Juilliard, cours d'Herbouville, 80.

Payraud et Cⁱᵉ, rue de la République, 37.
L. Picard et Cⁱᵉ, à Saint-Fons.

A. Salomon, grande rue des Charpennes, 22.
Seigle-Goujon, place des Terreaux, 3
Sevoz et Boasson, rue du Bourbonnais, 20.
Société anonyme des Produits chimiques de Fontaines-sur-Saône.
Société Saint-Gobain, Chauny et Cirey, quai Saint-Antoine, 35.
Société Lyonnaise des Mines et Usines de Borax, rue Mulet, 20.

E. Voisin, avenue de Saxe, 256.

B. — Stéarinerie.

A. Chatanay et Cⁱᵉ, place Carnot, 15

David et Cⁱᵉ, rue du Bourbonnais, 1.

MM. A. GOURD père et fils, chemin de Gerland, 65.
C. GUY, chemin de Gerland, 52.

A. RADISSON et Cie, rue du Tunnel, 36.

C. — **Pâtes alimentaires**.

MM. BERTRAND et Cie, rue Bouteille, 27.

CARRET et ses fils, cours Lafayette, 121.

Ferdinand FERRAND et Cie, cours Gambetta, 94.

HARTAUT, côte des Carmélites, 10.

MARGE fils et J. MALET, rue de Créqui, 291-293.
MOREL frères, rue de Sully, 44.

RENAUD jeune et Cie, rue Paul-Bert, 165.

LOI DU 21 MARS 1884

sur les *Syndicats professionnels*.

ARTICLE PREMIER.

Sont abrogés la loi des 14-27 juin 1791 et l'article 416 du Code pénal (1).

Les articles 291, 292, 293, 294 du Code pénal (2) et la loi du *18 avril 1834* (3) ne sont pas applicables aux Syndicats professionnels.

---

(1) Ces textes étaient ainsi conçus : Loi des 14-27 juin 1791 ; Art. 1er. — L'anéantissement de toutes les espèces de corporations des citoyens du même état et profession étant une des bases fondamentales de la constitution française, il est défendu de les rétablir de fait, sous quelque prétexte et quelque forme que ce soit.

Art. 2. — Les citoyens d'un même état ou profession, les entrepreneurs, ceux qui ont boutique ouverte, les ouvriers et compagnons d'un art quelconque, ne pourront, lorsqu'ils se trouveront ensemble, se nommer ni présidents, ni secrétaires, ni syndics, tenir des registres, prendre des arrêtés ou délibérations, former des règlements sur leurs prétendus intérêts communs.

Code pénal. — Art. 416. — Seront punis d'un emprisonnement de six jours à trois mois, et d'une amende de 16 francs à 300 francs, ou de l'une de ces deux peines seulement, tous ouvriers, patrons et entrepreneurs d'ouvrages qui, à l'aide d'amendes, défenses, proscriptions, interdictions prononcées par suite d'un plan concerté auront porté atteinte au libre exercice de l'industrie ou du travail.

(2) Code pénal. — Art. 291. — Nulle association de plus de vingt personnes dont le but sera de se réunir tous les jours ou à certains jours marqués pour s'occuper d'objets religieux, littéraires, politiques ou autres ne pourra se former qu'avec l'agrément du Gouvernement, et sous les conditions qu'il plaira à l'autorité publique d'imposer à la Société. Dans le nombre des personnes indiquées par le présent article, ne sont pas comprises celles domiciliées dans la maison où l'Association se réunit.

Art. 292. — Toute association de la nature ci-dessus exprimée, qui sera formée sans autorisation ou qui, après l'avoir obtenue, aura enfreint les conditions à elle imposées, sera dissoute. Les chefs, directeurs ou administrateurs de l'Association seront en outre punis d'une amende de 16 à 200 francs.

Art. 293. — Si, par discours, exhortations, invocations ou prières en quelque langue que ce soit, ou par lecture, affiche, publication ou distribution d'écrits quelconques, il a été fait dans ces assemblées, quelque provocation à des crimes ou à des délits, la peine sera de 100 à 300 francs d'amende, et de trois mois à deux ans d'emprisonnement

Art. 2.

Les Syndicats ou Associations professionnels, même de plus de vingt personnes exerçant la même profession, des métiers similaires ou des professions connexes concourant à l'établissement de produits déterminés, pourront se constituer librement sans l'autorisation du Gouvernement.

Art. 3.

Les Syndicats professionnels ont exclusivement pour objet l'étude et la défense des intérêts économiques, industriels, commerciaux et agricoles.

Art. 4.

Les fondateurs de tout Syndicat professionnel devront déposer les statuts et les noms de ceux qui, à un titre quelconque, seront chargés de l'administration ou de la direction.

Ce dépôt aura lieu à la mairie de la localité où le Syndicat est établi, et à Paris, à la préfecture de la Seine.

Ce dépôt sera renouvelé à chaque changement de la direction ou des statuts.

Communication des statuts devra être donnée par le maire ou par le préfet de la Seine au Procureur de la République.

Les membres de tout syndicat professionnel chargés de l'administration ou de la direction de ce Syndicat devront être français et jouir de leurs droits civils.

Art. 5.

Les Syndicats professionnels régulièrement constitués, d'après les prescriptions de la présente Loi, pourront librement se concerter pour l'étude et la défense de leurs intérêts économiques, industriels, commerciaux et agricoles.

---

contre les chefs, directeurs et administrateurs de ces associations ; sans préjudice des peines plus fortes qui seraient portées par la loi contre les individus personnellement coupables de la provocation, lesquels, en aucun cas, ne pourront être punis d'une peine moindre que celle infligée aux chefs, directeurs et administrateurs de l'association.

Art. 294. — Tout individu qui, sans la permission de l'autorité municipale, aura accordé ou consenti l'usage de sa maison ou de son appartement, en tout ou partie, pour la réunion des membres d'une association, même autorisée, ou pour l'exercice d'un culte, sera puni d'une amende de 16 à 200 francs.

(3) Loi du 10 avril 1834. — Art. 1er. — Les dispositions de l'article 291 du Code pénal sont applicables aux associations de plus de vingt personnes, alors même que ces associations seraient partagées en sections d'un nombre moindre, et qu'elles ne se réuniraient pas tous les jours ou à des jours marqués. L'autorisation donnée par le Gouvernement est toujours révocable.

Ces unions devront faire connaître, conformément au deuxième paragraphe de l'article 4, les noms des Syndicats qui les composent.

Art. 6.

Les Syndicats professionnels de patrons ou d'ouvriers auront le droit d'ester en justice.

Ils pourront employer les sommes provenant des cotisations.

Toutefois, ils ne pourront acquérir d'autres immeubles que ceux qui seront nécessaires à leurs réunions, à leurs bibliothèques et à des cours d'instruction professionnelle.

Ils pourront sans autorisation, mais en se conformant aux autres dispositions de la loi, constituer entre leurs membres des caisses spéciales de secours mutuels et de retraites.

Ils pourront librement créer et administrer des offices de renseignements pour les offres et les demandes de travail.

Ils pourront être consultés sur tous les différends et toutes les questions se rattachant à leur spécialité.

Dans les affaires contentieuses, les avis du Syndicat seront tenus à la disposition des parties, qui pourront en prendre communication et copie.

Art. 7.

Tout membre d'un Syndicat professionnel peut se retirer à tout instant de l'association, nonobstant toute clause contraire, mais sans préjudice du droit pour le Syndicat de réclamer la cotisation de l'année courante.

Toute personne qui se retire d'un Syndicat conserve le droit d'être membre des sociétés de secours mutuels et de pensions de retraite pour la vieillesse à l'actif desquelles elle a contribué par des cotisations ou versements de fonds.

Art. 8.

Lorsque les biens auront été acquis contrairement aux dispositions de l'article 6, la nullité de l'acquisition ou de la libéralité pourra être demandée par le Procureur de la République ou par les intéressés.

Dans le cas d'acquisition à titre onéreux, les immeubles seront vendus, et le prix en sera déposé à la caisse de l'Association.

Dans le cas de libéralité, les biens feront retour aux disposants ou à leurs héritiers ou ayants cause.

Art. 9.

Les infractions aux dispositions des articles 2, 3, 4, 5 et 6 de la présente loi seront poursuivies contre les directeurs ou administrateurs des Syndicats et punies d'une amende de 16 à 200 fr.

Les tribunaux pourront en outre, à la diligence du Procureur de la République, prononcer la dissolution du Syndicat et la nullité des acquisitions d'immeubles faites en violation des dispositions de l'article 6.

Au cas de fausse déclaration relative aux statuts et aux noms et qualités des administrateurs ou directeurs, l'amende pourra être portée à 500 fr.

Art. 10.

La présente loi est applicable à l'Algérie.

Elle est également applicable aux colonies de la Martinique, de la Guadeloupe et de la Réunion. Toutefois, les travailleurs étrangers et engagés sous le nom d'immigrants ne pourront faire partie des Syndicats.

STATUTS

SYNDICAT COMMERCIAL ET INDUSTRIEL DE LYON

Produits chimiques. — Denrées coloniales
Drogueries. — Pâtes alimentaires

Une Association sous la dénomination de : *Syndicat Commercial et Industriel de Lyon*, a été fondée entre les Commerçants en denrées coloniales, huiles, drogueries de teinture, médicinale, de peinture, Fabricants de produits chimiques divers et pâtes alimentaires, établis dans la circonscription lyonnaise, qui adhéreront aux présents Statuts.

Elle est représentée par une Chambre syndicale, dont les attributions, le nombre des Membres et le mode d'élection sont déterminés par les articles ci-après :

ARTICLE PREMIER.

L'Association a pour but :

1° De concentrer tous les efforts de ses membres en vue d'étudier et de réaliser toutes les mesures utiles aux diverses branches de leur industrie et de leur commerce ;

2° D'agir à cet effet, toutes les fois que besoin sera, auprès des Administrations et Autorités compétentes ;

3° D'intervenir, par l'organe de sa Chambre syndicale, comme juge amiable sur la demande des parties, ou comme arbitre rapporteur dans les contestations qui seraient renvoyées devant elle par le Tribunal de Commerce.

ART. 2.

Le nombre des membres de l'Association est illimité ; tout Commerçant en denrées coloniales, drogueries et annexes, fabricant de produits chimiques et de pâtes alimentaires, commissionnaires et courtiers en marchandises, patenté à Lyon ou dans la région, ou ancien Membre du Syndicat, peut faire partie de la Société ; il doit en faire la demande par écrit et être présenté par deux Membres de l'Association à la Chambre syndicale qui statue sur son admission au scrutin secret et à la majorité des voix.

La Chambre ne doit aucun compte de ses décisions. En cas d'admission, la Chambre en donne immédiatement avis au nouveau Membre, et lui remet un exemplaire des Statuts avec une carte de Sociétaire.

Art. 3.

Tout Associé s'engage à faire partie de la Société pendant un an, à dater du 1er janvier, et devra, s'il veut se retirer à l'expiration de son engagement, en aviser, par écrit, la Chambre syndicale trois mois à l'avance. Le fait de la retraite ou démission d'un Membre, pour quelque cause que ce soit, implique la renonciation à toute répartition sur l'actif social.

Art. 4.

Chaque Associé paye annuellement une cotisation qui est fixée par l'Assemblée générale. Elle ne pourra, dans aucun cas, excéder *quarante francs*, et sera exigible dans le mois qui suivra.

Quel que soit le nombre des Associés, chaque maison ne paye qu'une cotisation et n'a droit qu'à une voix dans les Assemblées. Elle y sera représentée par l'un des Associés.

Art. 5.

Le produit des annuités est affecté aux dépenses autorisées par la Chambre syndicale.

Art. 6.

La Chambre syndicale se compose de quinze Membres, dont cinq choisis parmi les commerçants en denrées coloniales.

Quatre choisis parmi les commerçants en droguerie.

Quatre choisis parmi les fabricants de produits chimiques.

Deux choisis parmi les fabricants de pâtes alimentaires, la stéarinerie et savonnerie.

Ils sont élus en Assemblée générale par scrutin de liste et par groupe à la majorité absolue des suffrages exprimés.

La durée de leurs fonctions est de trois ans ; ils ne sont rééligibles qu'après une année d'intervalle.

Dans le cas où, par suite de décès ou de démissions survenues dans l'intervalle des Assemblées générales, la Chambre se trouverait réduite à neuf Membres, elle aura la faculté de pourvoir aux vacances, mais seulement à titre provisoire, l'élection définitive n'appartenant qu'aux Assemblées générales, ainsi qu'il a été dit plus haut. Chaque année la Chambre syndicale nomme son bureau composé d'un Président, d'un Vice-Président, d'un Secrétaire et d'un Trésorier. Elle arrête son règlement intérieur.

Art. 7.

La Chambre se réunit au moins une fois par mois sur les convocations de son Président. La présence de sept Membres est nécessaire pour qu'elle puisse délibérer valablement.

Elle examine tous les documents, propositions, mémoires qui lui sont adressés, et statue sur la suite à leur donner.

Elle se concerte, s'il y a lieu, avec d'autres Chambres syndicales pour les questions commerciales et industrielles d'intérêt général. Elle intervient sur la demande des parties comme arbitre amiable dans les contestations survenues entre les Sociétaires et d'autres commerçants.

Elle choisit dans son sein l'arbitre rapporteur chargé d'instruire les affaires qui lui sont renvoyées par le Tribunal de Commerce, soit pour concilier, soit pour faire un rapport.

Les décisions de la Chambre sont prises à la majorité des membres présents.

En cas de partage, la voix du Président est prépondérante.

Le scrutin secret est de droit.

Art. 8.

S'il arrivait qu'une condamnation judiciaire atteignit l'un des Membres de l'Association, la Chambre syndicale aura le droit de prononcer son exclusion.

Sont exclus de droit de l'Association : les Membres déclarés en faillite et ceux qui ont suspendu leurs paiements. Ils ne peuvent être admis de nouveau qu'après avoir justifié, les premiers, de leur réhabilitation, les seconds, de la reprise régulière de leurs opérations.

Les Membres exclus sont déchus de tous leurs droits sur les fonds de l'Association.

Art. 9.

La Chambre syndicale choisit un Secrétaire-Archiviste qui sera rétribué sur les fonds de l'Association et sera chargé, sous la surveillance du Président, de la correspondance, du classement des renseignements et de la tenue des registres mentionnés dans l'article suivant.

Art. 10

Un tableau des Membres de l'Association et de la Chambre syndicale en exercice est placé en permanence dans la salle des délibérations

Il est ouvert au Secrétariat de la Chambre :

1º Un registre des délibérations sur lequel sont transcrits les procès-verbaux des séances de la Chambre et des Assemblées générales ;

2º Un registre de Correspondance ;

3º Un registre sur lequel sont inscrits et classés les renseignements, demandes, propositions, réclamations et toutes communications adressés à la Chambre et déposés au Secrétariat.

Les Sociétaires peuvent en prendre connaissance au Secrétariat par l'entremise du Secrétaire-Archiviste.

Art. 11.

Dans le premier trimestre, chaque année, les Membres de l'Association se réunissent en Assemblée générale ordinaire sur la convocation et sous la présidence du Président, ou, à son défaut, du Vice-Président de la Chambre syndicale.

Le bureau est en outre composé de deux Assesseurs et d'un Secrétaire nommés par l'Assemblée.

La lettre de convocation indique l'ordre du jour. Toute proposition signée par cinq Membres et communiquée à la Chambre syndicale quinze jours avant l'Assemblée sera inscrite à l'ordre du jour.

L'Assemblée générale ordinaire est valablement constituée, si elle réunit au moins le quart des Sociétaires.

Chaque carte de Sociétaire donne droit à une voix dans le vote.

Le Président présente à l'Assemblée :

1° Un rapport contenant l'exposé des opérations de la Chambre syndicale durant l'exercice écoulé.

2° Un mot de la situation financière de l'Association.

L'Assemblée vote par assis et levé, sauf le cas où le scrutin secret est réclamé par cinq Membres présents.

Les décisions sont prises à la majorité absolue.

L'Assemblée approuve les comptes, procède à la nomination des Membres de la Chambre à élire et prononce sur les questions à l'ordre du jour.

La Chambre syndicale est investie du droit de convoquer les Sociétaires en Assemblée générale toutes les fois que la situation l'exige.

Art. 12.

La révision des Statuts ou la dissolution de la Société ne pourront être prononcées que par l'Assemblée générale extraordinaire, spécialement convoquée à cet effet par la Chambre syndicale.

Les Statuts ne seront valablement révisés par une première Assemblée qu'autant qu'elle réunira la moitié plus un des Sociétaires

Si la première Assemblée n'était pas en nombre, une nouvelle Assemblée convoquée à quinze jours, au moins, d'intervalle, délibérerait valablement sur la révision des Statuts ou sur la dissolution de la Société quel que soit le nombre des Membres présents

Art. 13

En cas de dissolution de la Société, la liquidation sera faite par la Chambre syndicale au profit de tous les Membres inscrits ou à leurs périls et risques.

NOTICE

Sur le Syndicat commercial et industriel.

ORIGINE ET FONDATION DU SYNDICAT. — Le Syndicat commercial et industriel de Lyon a été fondé le 3 mai 1873.

Déjà, dans le courant de l'année 1871, un certain nombre de commerçants en denrées coloniales et d'industriels en produits chimiques s'étaient réunis en comité, et avaient nommé des délégués, dans le but de s'opposer à de nouvelles taxes d'octroi que la Municipalité voulait établir sur plusieurs produits, et notamment sur les bougies, les huiles et les fruits secs.

Ces délégués eurent de nombreuses réunions et adressèrent des mémoires au Conseil municipal de Lyon (27 décembre 1871,) puis au Conseil général (2 février 1872). Malgré ces démarches, les droits furent votés.

Mais ce premier effort ne fut pas stérile ; il avait appris aux commerçants lésés dans leurs intérêts à se connaître et à s'entendre.

A ce moment du reste l'Assemblée Nationale allait voter sans interruption de nombreux impôts nouveaux destinés à payer les intérêts de l'emprunt formidable que les nécessités d'une guerre malheureuse avaient obligé la France à contracter.

Rien n'échappait à l'impôt ; les transports par chemins de fer en grande comme en petite vitesse, le papier, les huiles, le savon, la bougie, le sucre, les emprunts mobiliers, les quittances, etc.., le commerce des denrées coloniales et les industries connexes avaient été les premiers frappés.

Il était urgent d'organiser la résistance, non pas contre tous les impôts nouveaux, car chacun en comprenait la nécessité, mais contre ceux qui mis trop à la hâte étaient souvent vexatoires et pouvaient causer de véritables désastres industriels ; il fallait surtout étudier le mode de perception de ces nouvelles taxes et s'opposer à des mesures qui auraient eu pour résultat d'apporter des entraves à la liberté du commerce.

C'était un motif suffisant pour que tous les négociants et industriels réunissent leurs efforts, et dès lors la fondation d'un Syndicat s'imposait.

Quatre membres fondateurs dont les noms doivent rester attachés à notre œuvre, MM. Ch. Lyonnet, Marius Duc, Mulaton et Montaland, adressèrent un appel aux négociants et industriels en denrées coloniales, huiles, drogueries, produits chimiques, pâtes alimentaires et stéarinerie ; plus de cent adhésions répondirent à cet appel, et le 3 mai 1873 eût lieu l'assemblée constitutive du Syndicat.

Mais ce n'était alors qu'un embryon, une association non reconnue par la loi, à peine tolérée par l'Administration qui pouvait la dissoudre à son gré.

Le Syndicat n'avait qu'une valeur morale qu'il tenait de l'appui de la Chambre de Commerce de Lyon et du grand nombre de membres qu'il représentait.

Les Syndics se mirent courageusement à l'ouvrage, et nos comptes rendus annuels font foi de l'énergie qu'ils durent souvent déployer pour défendre les intérêts des sociétaires.

Nombreux au début, ayant obtenu certaines satisfactions au sujet des principales réclamations formulées en leur nom par la Chambre syndicale, on devait fatalement les voir s'émietter, jusqu'au jour ou de nouvelles entraves seraient apportées au fonctionnement régulier de leurs affaires.

107 en 1874, ils n'étaient plus que 74 au 31 décembre 1882, par suite de démissions ou de décès.

Les deux années qui suivirent modifièrent complètement cet état de choses.

En 1883, les Compagnies de chemins de fer soumirent à l'approbation ministérielle de nouveaux tarifs, onéreux pour les denrées coloniales, la droguerie et les produits chimiques, et les commerçants se serrèrent de nouveau autour du Syndicat.

Puis, une loi nouvelle, la loi du 24 mars 1884 sur les Syndicats professionnels vint transformer l'existence des anciennes associations.

En reconnaissant aux Syndicats l'existence légale, cette loi leur a donné une force nouvelle, une véritable puissance que personne ne saurait méconnaître. C'est ainsi qu'un ministre pouvait dire à l'issue du Congrès des Chambres syndicales de France de 1887 : La loi vous a mis entre les mains un puissant moyen d'action et fournit au Gouvernement un appui précieux.

A ce moment aussi se fondait à Lyon l'Union des Chambres syndicales Lyonnaises, composée des principales Chambres syndicales patronales de notre ville.

Il y eut alors un nouvel élan ; chacun comprit que les Chambres syndicales devenaient en réalité des Chambres consultatives, et on put en acquérir la preuve par les questionnaires qui leur furent adressés fréquemment par le Gouvernement.

Cette influence s'est heureusement fait sentir sur le nombre de nos adhérents qui a commencé à progresser.

Enfin, pour mettre l'installation matérielle de notre Syndicat en rapport avec les besoins du jour, de grandes modifications ont été apportées en 1889.

Nous aurions pu craindre que l'augmentation de la cotisation annuelle qui a été la conséquence nécessaire de ces améliorations eût rebuté nos adhérents, il n'en a rien été, et nous avons eu la satisfaction de voir leur nombre s'accroître pour atteindre cette année le maximum.

Aujourd'hui, appuyés sur la loi du 21 mars 1884, assurés du bienveillant appui de la Chambre de Commerce de Lyon, dont les services rendus à notre association ne sont plus à compter, aidés par l'Union des Chambres syndicales Lyonnaises, nous pouvons, après 20 années d'existence revendiquer une influence légitime.

But du Syndicat. — L'Association a pour but, aux termes de ses statuts :

Art. Ier. — De concentrer tous les efforts de ses membres en vue d'étudier et de réaliser toutes les mesures utiles aux diverses branches de leur industrie ou de leur commerce ; d'agir à cet effet, toutes les fois que besoin sera, auprès des administrations et autorités compétentes ; d'intervenir comme juge amiable sur la demande des parties, ou comme arbitre rapporteur dans les contestations qui seront renvoyées devant elle par le Tribunal de commerce.

Art. 7. — D'examiner tous les documents, propositions, mémoires qui lui seront adressés, et de statuer sur la suite à leur donner ; de se concerter s'il y a lieu avec d'autres chambres syndicales pour les questions commerciales et industrielles d'intérêt général.

Ressources du Syndicat. — Le budget de l'Association se compose uniquement comme recettes du montant des cotisations.

La cotisation peut varier chaque année, suivant la décision prise par l'assemblée générale des adhérents, mais elle ne peut dépasser un maximum fixé par les statuts ; elle a varié depuis 20 ans entre 25 et 40 francs.

Le chiffre des recettes a oscillé jusqu'en 1889 entre 2.000 et 3.000 francs, tandis que pendant la même période les dépenses variaient entre 1.500 et 2.800 francs.

L'actif net au 31 décembre 1888 s'élevait à 7.800 francs.

A ce moment l'installation nouvelle du Syndicat a nécessité des dépenses extraordinaires qui ont mis le budget en déficit.

Depuis 1889, le budget des recettes se composant des mêmes ressources atteint près de 5.000 francs se balançant à peu près avec le budget des dépenses.

L'actif net au 31 décembre 1893 s'élève à 5.900 francs.

Le tableau suivant indique d'une manière précise les fluctuations diverses des adhérents, du budget des recettes et des dépenses et de l'actif.

		ADHÉRENTS	RECETTES	DÉPENSES	ACTIF NET
Au 31 décembre	1874	107	5.350	3.454	1.896
»	1875	108	3.320	2.783	2.598
»	1876	107	2.760	2.918	2.735
»	1877	102	2.460	2.607	2.465
»	1878	92	1.320	2.651	2.324
»	1879	79	3.970	2.623	3.382
»	1880	75	2.458	1.576	3.379
»	1881	74	2.050	1.325	4.105
»	1882	74	2.271	1.677	4.662
»	1883	87	1.872	1.085	5.449
»	1884	86	2.281	1.993	5.737
»	1885	83	2.163	1.793	6.107

	ADHÉRENTS	RECETTES	DÉPENSES	ACTIF NET
	—	—	—	—
Au 31 décembre 1886	87	2.204	1.607	6.704
» 1887	82	2.390	1.656	7.447
» 1888	82	2.329	1.983	7.793
» 1889	121	3.137	4.136	6.794
» 1890	126	4.836	5.116	6.514
» 1891	125	4.812	4.928	6.398
» 1892	131	4.701	5.052	6.047
» 1893	133	4.994	5.180	5.917

Le chiffre de l'actif net varie suivant le nombre des Cotisations non encaissées au 31 décembre.

IMPORTANCE DU SYNDICAT. — L'importance du Syndicat peut être représentée par le chiffre annuel des affaires des commerçants et des industriels qui font partie de l'association (Région lyonnaise).

Nous empruntons cet intéressant document aux renseignements recueillis par l'Union des Chambres Syndicales Lyonnaises, au moment de l'enquête relative à l'augmentation du nombre des membres de la Chambre de Commerce de Lyon. (Compte-rendu 1892-1893).

DÉPARTEMENT DU RHONE

Denrées coloniales et épiceries	23	Millions
Drogueries	15	—
Pâtes alimentaires	15	—
Stéarinerie	8	—
Produits dérivés des os et engrais	14	—
Savonnerie	2	—
Acides picrique, citrique, tartrique et dérivés	7	—
Extraits de bois, acide acétique et dérivés	3	—
Borax, acide borique	1	—
Rouille, verdet, sel d'étain	1.5	—
Manufactures de St-Gobain, Chauny et Cirey	17	—
Produits pharmaceutiques	3	—
Produits divers et dérivés	5	—
Matières colorantes	11	—
	125.5	Millions

Organisation des travaux. — Les intérêts de l'Association sont gérés par des Syndics qui sont élus par l'Assemblée générale annuelle des membres adhérents. Le Bureau, composé d'un président, d'un vice-président, d'un secrétaire et d'un trésorier est élu chaque année par les syndics.

Le nombre des syndics a été de douze jusqu'en 1889 ; à cette époque, les travaux de la Chambre syndicale devenant plus considérables, le nombre des syndics a été porté à quinze.

Chaque affaire subit un examen préalable avant la réunion de la Chambre syndicale afin que les syndics puissent statuer en connaissance de cause.

Lorsque la question soulevée revêt une importance notoire, elle est, après une échange de vues au sein de la Chambre syndicale, renvoyée à l'examen d'un syndic rapporteur, qui présente son rapport dans une prochaine séance.

La Chambre syndicale ne délibère pas seulement sur les réclamations qui lui sont soumises par les adhérents ; pour obéir aux statuts, elle se saisit elle-même de toutes les questions d'ordre général qui peuvent intéresser les adhérents.

Dossiers. — A peine installée, la première Chambre syndicale élue pensa qu'elle devait laisser une trace de ses travaux, et elle faisait paraître un compte-rendu annuel qui contenait le résumé des affaires qu'elle avait eu à examiner et la situation financière.

Plus tard (1886), dans le but de faciliter la tâche de leurs successeurs, les Syndics décidèrent de réunir dans des dossiers tous les documents de nature à permettre des recherches utiles relativement aux questions soulevées devant la Chambre syndicale.

Ces dossiers sont aujourd'hui au nombre de près de 200. Outre les questions sur lesquelles le Syndicat a été appelé à délibérer, ils comprennent celles qui peuvent intéresser les adhérents.

Nous insérons dans chacun d'eux les pétitions et les réclamations que nous formulons, les réponses qui nous sont faites, les projets de lois, les discussions et rapports devant les Chambres, puis les lois promulguées qui suivent ces discussions.

Mais ce n'était que par le compte-rendu annuel que nos adhérents connaissaient les travaux de la Chambre syndicale ; depuis longtemps ils manifestaient le désir d'être tenus au courant après chaque séance des démarches faites, par la publication d'un procès-verbal

Malgré les difficultés que ce projet pouvait rencontrer, les Syndics ont tenu à faire preuve de bonne volonté et depuis l'année 1890, nous avons fait paraître après chaque séance un extrait du procès-verbal qui est distribué à tous les adhérents.

Dossiers principaux.

1 Douanes.
8 Ouverture de la douane de Lyon à l'entrepôt réel des sucres indigènes.
10 Travail dans les usines.
11 Accidents des ouvriers.
14 Régime des octrois.
21 Canaux dérivés du Rhône.
26 Loi sur les faillites.
27 Colis postaux.
28 Régime des sucres.
30 Sucrage des vendanges.
34 Transit international par batellerie.
36 Loi sur les protêts.
43 Reconnaissance légale du Syndicat.
47 Traités de commerce.
52 Billets kilométriques.
54 Pâtes alimentaires (admission temporaire).
56 Téléphones.
57 Pâtes alimentaires et traités de commerce.
61 Droits sur les riz.
77 Chemins de fer.
77 b Obligation des lettres d'avis.
126 Jus de citron (admission temporaire).
128 Raisins secs (impôt de 1890).
132 Questionnaire du Comité supérieur de Commerce, 1889
153 Pétrole (Régime du).
159 Sociétés coopératives.
186 Règlements d'atelier.

UNION DES CHAMBRES SYNDICALES LYONNAISES. — Notre Chambre a collaboré en 1885 à la fondation de l'Union des Chambres Syndicales Lyonnaises, fondation dont l'idée première revient à M. Léon Permezel.

L'utilité de cette institution nouvelle était incontestable.

Les Chambres syndicales devenaient plus nombreuses et en se groupant ensemble elles devaient acquérir une influence et une force plus considérables.

La loi sur les Sydicats professionnels devait donner à cette union une grande utilité en permettant aux Syndicats adhérents d'échanger leurs vues.

Enfin la loi relative aux élections des Tribunaux de commerce venait d'être appliquée ; en étendant le suffrage à tous les commerçants patentés depuis cinq ans, cette loi pouvait occasionner bien des mécomptes. La réunion des Chambres syndicales a été plus prévoyante que la loi, et, grâce à ce suffrage à deux degrés, le Tribunal de commerce de Lyon a pu conserver son ancienne réputation. Les Chambres syndicales, organe des intérêts commerciaux et industriels de notre ville, étaient désignées pour choisir les juges de commerce.

Il ne nous appartient pas de faire l'historique des travaux de l'Union ; mais comme nous le disons chaque année dans notre compte rendu, nous participons avec assiduité à ses travaux, et nous avons pu nous rendre compte de l'importance des résultats obtenus.

Congrès des Chambres syndicales de France. — La création d'Unions des Chambres Syndicales dans les principales villes de France devait entraîner toutes les Chambres françaises à une entente plus intime pour la défense des intérêts généraux de leurs sociétaires.

Trois congrès ont été tenus à Paris en 1886-1887-1889 ; les prescriptions de nos statuts nous faisaient un devoir de nous associer à ces manifestations, aussi notre Chambre a-t-elle chaque fois envoyé des délégués.

Les associations qui ont pris part à chaque congrès étaient nombreuses, 220 à 250 Chambres syndicales représentées par plus de 400 membres ; des délégués sont venus de tous les points de la France.

Si ces Congrès n'ont pas donné tous les résultats qu'en espéraient les organisateurs, il est possible qu'ils réussissent mieux dans l'avenir.

Le grand écueil provenait du trop grand nombre de questions soumises aux délibérations des délégués ; on pouvait arriver à la rigueur à ébaucher l'étude de ces questions, mais le temps manquait pour les approfondir.

Ajoutons qu'un seul délégué par syndicat devrait avoir droit de vote ; souhaitons enfin plus d'entente entre les syndicats parisiens.

Loi sur les Syndicats professionnels. — Il ne nous est pas possible de terminer ce chapitre sans parler de la loi sur les syndicats professionnels.

La loi du 21 mars 1884 est la première loi qui règle en France d'une façon libérale le droit d'association pour une catégorie de citoyens. Ce n'est pas en effet une loi générale, mais une loi spéciale aux personnes exerçant la même profession.

En dehors des sociétés civiles ou commerciales ayant pour but de faire des profits, toutes les associations sont soumises en France à l'autorisation administrative.

Pour apprécier les bienfaits de la loi du 21 mars 1884, il suffit de relire la loi des 14/27 juin 1791 qu'elle a explicitement abrogée.

« Art. 1ᵉʳ. — L'anéantissement de toutes les espèces de corpora-
« tions des citoyens du même état et profession étant une des bases
« fondamentales de la Constitution française, il est défendu de les
« rétablir de fait, sous quelque prétexte et quelque forme que ce soit.

« Art. 2. — Les citoyens d'un même état ou profession, les entre-
« preneurs, ceux qui ont boutique ouverte, les ouvriers et compagnons
« d'un art quelconque, ne pourront quand ils se trouveront ensemble,
« se nommer ni présidents, ni secrétaires, ni syndics, tenir des
« registres, prendre des arrêtés ou délibérations, former des règle-
« ments sur leurs prétendus intérêts communs. »

Malgré ces dispositions draconiennes, qu'aucune loi n'avait encore abrogées, les intérêts communs des industriels et commerçants d'une même catégorie étaient si réels, que de tous côtés se fondèrent des syndicats professionnels, et en particulier notre syndicat en 1873.

Mais comme nous l'avons dit, il y a un instant, il n'avait qu'une existence précaire, et ne vivait que par la tolérance administrative; aussi est-ce avec joie qu'il a accueilli cette loi de 1884 et que, conformément à cette loi il a déposé ses statuts à la Mairie de Lyon en 1885.

Cette loi si libérale de 1884, qui donne dans une certaine mesure la personnalité civile aux syndicats et ne leur impose comme condition de leur reconnaissance légale que l'obligation de faire connaître à l'autorité leurs statuts et les noms de leurs administrateurs, n'a pas suffi à certains hommes politiques.

Il est des esprits qui ne conçoivent la liberté que comme l'oppression de la minorité par la majorité.

C'est de cette tendance que procédait le projet de loi Bovier-Lapierre, qui, sous prétexte de défendre la liberté des syndicats, mettait les patrons à la merci des syndicats ouvriers, en les obligeant sous peine d'amende et d'emprisonnement à justifier des motifs de renvoi d'un ouvrier syndiqué.

Cette proposition, déposée à la Chambre des Députés le 4 mars 1886, souleva partout de vives réclamations.

L'Union des Chambres Syndicales Lyonnaises, dans sa séance du 15 juin 1887 adopta une protestation motivée, que notre Chambre appuyait par une lettre adressée à l'Union le 25 juin.

Dans cette lettre notre Syndicat indiquait qu'il partageait complètement les idées émises par M. le sénateur Marcel Barthe, dans sa proposition de loi prise en considération par le Sénat le 4 décembre 1886.

Frappé de ce fait que l'abrogation par la loi de 1884 de l'article 416 du code pénal n'avait pas diminué la fréquence ni la violence des grèves, M. Barthe, proposait de nouvelles dispositions pour assurer la liberté du travail à côté de la liberté de la grève proclamée par la loi de 1884.

La loi Bovier-Lapierre fut néanmoins votée par la Chambre des Députés, le 17 mai 1889, et une seconde fois le 13 mai 1890.

La Chambre de Commerce de Lyon, dans sa séance du 3 juin 1890, vota une vigoureuse réfutation de ce projet de loi.

Dans sa séance du 5 juillet 1890, notre Chambre syndicale se joignait à cette protestation et adoptait un rapport fortement motivé qui fut adressé aux Pouvoirs Publics, rapport qui fait ressortir que cette loi de guerre sociale annulerait tous les bons effets qu'on pouvait attendre de la loi de 1884.

Le Sénat repoussa ce projet de loi dans sa séance du 23 juin 1892.

Mais M. Bovier-Lapierre ne se tint pas pour battu et obtint de la Chambre des Députés un nouveau vote en faveur de son projet de loi (4 avril 1892).

La Chambre de Commerce, l'Union des Chambres Syndicales Lyonnaises protestèrent de nouveau, et notre Chambre se joignit à ces protestations. Nous eûmes la satisfaction de voir le Sénat (7 juillet 1893) repousser ce projet de loi. Nous espérons que nous ne le verrons plus se reproduire.

HISTORIQUE DES TRAVAUX DU SYNDICAT
1873-1893

CHAPITRE I

Octroi. — Régie.

Octroi. — Notre Chambre syndicale est intervenue bien souvent dans les questions d'octroi, soit à propos de difficultés soulevées entre l'administration de l'octroi et divers de ses adhérents, soit au sujet du tarif et de ses règlements.

Sur le premier point la direction de l'octroi a montré les tendances les plus conciliantes et nous avons pu presque toujours aplanir les difficultés soulevées.

Sur la question du règlement et des tarifs nous avons eu à faire directement avec la Municipalité, ce qui rendait la situation plus difficile.

Nous ne parlerons que pour mémoire des faits antérieurs à la fondation du Syndicat ; les droits contre lesquels avaient protesté les commerçants non syndiqués avaient été appliqués.

Octroi sur les Harengs blancs (1874). — Dans le courant de l'année 1874, l'administration de l'octroi voulut frapper d'un droit les harengs blancs.

Saisie des réclamations de nos adhérents, la Chambre de Commerce protesta auprès de M. le Préfet du Rhône, qui fit droit à nos vœux.

Droits sur les Salaisons et les Raisins secs (1881-1882). — Lorsque vinrent en discussion les nouveaux tarifs de l'octroi, l'administration proposait de relever à 20 fr. le droit sur les raisins secs ; nos démarches eurent pour effet de maintenir le *statu quo*.

En même temps nous obtenions l'assimilation de la marée 1re et de la marée 2e avec la taxe la plus basse.

ABAISSEMENT DU MINIMUM DES SORTIES (1882). — Les taxes de toute nature établies malgré notre opposition réservaient un autre mécompte à nos adhérents par ce fait que le minimum de poids admis pour la sortie était trop élevé et gênait leurs transactions au dehors, accordant ainsi une véritable protection à certaines villes voisines.

Notre Chambre syndicale se fit auprès de la Municipalité dès 1879, l'écho des plaintes du commerce ; il fallut attendre l'expiration des règlements en vigueur.

Ce ne fut qu'en 1882, au moment de l'expiration des anciens tarifs que la pétition fut reprise ; il fut alors fait droit de toutes nos réclamations.

RÉVISION DES TARIFS EN 1892. — Dix années s'écoulèrent sous le régime des mêmes tarifs. En 1892 l'Administration présentait au Conseil municipal un nouveau règlement et de nouveaux tarifs.

Notre Chambre ouvrit une enquête. Une réclamation se produisit sur le règlement, visant les heures d'ouverture et de fermeture des barrières, il ne fut pas donné satisfaction à nos adhérents, le personnel de l'Octroi étant insuffisant pour un service plus prolongé.

D'autres réclamations se produisirent au sujet des tarifs des fromages et des raisins secs. Sur notre demande, le tarif des fromages fut unifié.

Il n'en fût pas de même pour les raisins secs à boisson ; malgré notre opposition acharnée, les nouveaux tarifs ont porté le droit d'octroi sur cette denrée à 18 fr. 0/0 kilos.

DROITS D'OCTROI SUR LE MACHEFER (1892). — Profitant de la révision des tarifs de l'Octroi, nous avons demandé que les charbons employés par l'industrie soient définitivement exonérés de tout droit. Cette demande fut approuvée par l'Administration, et par le Conseil Municipal ; mais en exonérant le charbon industriel, le Conseil votait en même temps un droit sur le mâchefer, et l'Administration s'empressa de frapper de la taxe, non seulement le mâchefer introduit en ville, mais celui produit par les industriels de Lyon.

Plusieurs réclamations parvinrent à la Chambre syndicale.

Avec l'appui de l'Union des Chambres Syndicales lyonnaises, diverses démarches furent faites auprès du Directeur de l'Octroi ; nos délégués s'appuyèrent sur ce fait que la production du mâchefer était involontaire, que ce produit était plutôt un encombrement pour ceux qui le produisaient, et auxquels il ne procurait aucun bénéfice.

Nous avons complètement échoué.

SUPPRESSION DES OCTROIS. — Lorsque le projet de loi de M. Yves Guyot portant suppression des Octrois est venu en discussion devant la Chambre des Députés, notre Chambre Syndicale a étudié avec le plus grand soin cette question si intéressante pour un grand nombre de nos adhérents. Nous ne pouvions oublier que c'était une question d'octroi qui avait été la cause première de la fondation de notre Syndicat.

Le rapport adopté en 1889 par notre Chambre a été transmis au Ministre du Commerce et au Ministre des Finances.

Partisans de la suppression de l'Octroi, nous demandions son remplacement par un impôt équitable proportionnel et non progressif. Nous avons aussi pensé qu'il y avait lieu d'établir une distinction entre les valeurs locatives industrielles ou commerciales et les valeurs locatives d'habitation, et qu'il serait nécessaire que les taxes de remplacement proposées par les villes fussent contrôlées par les pouvoirs publics.

Le projet de Loi a été adopté par la Chambre des Députés au mois de mai 1893 ; depuis, la Commission sénatoriale a ouvert une enquête.

CIRCULATION DES VERNIS A LYON (1874-1887). — M. le Préfet du Rhône avait pris diverses mesures administratives qui avaient eu pour résultat d'entraver la circulation des vernis à Lyon.

Une pétition des intéressés, appuyée par notre Syndicat, fit obtenir satisfaction partielle à nos adhérents.

En 1887 — plus de treize ans après. — l'administration des Contributions indirectes exigea que les vernis à l'alcool par expéditions de 10 litres fussent accompagnés d'un passavant: les fabricants de vernis et couleurs adressèrent à notre Chambre une protestation qui fut transmise aux pouvoirs publics.

Il est à remarquer que ces vexations viennent souvent de l'Administration locale et qu'il est difficile d'obtenir satisfaction parce que les chefs directs se croient obligés de couvrir leurs subordonnés, lors même que les mesures prises leur paraîtraient excessives.

Dénaturation des Alcools (1880). — La même administration des Contributions indirectes prit, dans le courant de l'année 1880, des mesures, dont l'application aurait compromis jusqu'à l'existence de certaines industries.

Une délégation envoyée à Paris réussit à obtenir le retrait de certaines de ces mesures, et leur remplacement par des procédés de dénaturation acceptables.

Impot sur les Huiles et sur les Savons (1873). — Au nombre des impôts votés en 1873, figuraient les droits d'accise sur les huiles et sur les savons.

D'accord avec le commerce marseillais pour qui cet impôt avait une importance capitale, le syndicat fit, en 1876, de nombreuses démarches pour en obtenir la suppression.

Grâce à ces démarches et à celles des députés du Rhône qui les ont appuyées énergiquement, nous pouvions, en 1878, annoncer que la loi de Finances exonérait les savons, et aussi les huiles partout où les municipalités dégrèveraient les huiles des taxes d'octroi ; c'est ce qui eut lieu à Lyon pour les huiles, autres que les huiles de lin.

Depuis, tous ces droits d'accise ont été supprimés.

Il ne reste plus à Lyon qu'un droit d'octroi sur les huiles de lin.

Application de la taxe de consommation sur les Huiles (1873). — Lorsque les droits dont nous venons de parler furent appliqués, l'Administration émit la prétention : 1° d'ajouter des décimes au principal ; 2° d'apporter des entraves à la circulation des huiles en les soumettant aux mêmes formalités que les vins et spiritueux ; 3° de donner à la loi un effet rétroactif, en inventoriant les marchandises en magasin au moment de l'application de la loi.

Soutenu par la Chambre de Commerce qui adressa au Gouvernement une protestation énergique (Lettre du 9 janvier 1874), notre Syndicat fit les plus grands efforts pour réagir contre ces prétentions.

Des satisfactions partielles ont été obtenues. La suppression des droits d'accise (1er janvier 1879), fit disparaître l'ingérence des Contributions indirectes dans le commerce des huiles.

Déchet 5 0/0 sur l'épuration des Huiles (1874). — La même loi du 31 décembre 1873 avait admis que les épurateurs d'huiles auraient droit à un déchet de 5 0/0 pour l'épuration ; mais le bénéfice de cette mesure ne fut pas appliqué à Lyon.

Saisie d'une plainte des épurateurs, la Chambre syndicale fit diverses démarches, à la suite desquelles satisfaction fut donnée à nos adhérents.

Impot de 1889 sur les Raisins secs. — La loi de Finances du 17 juillet 1889 imposait (art. 12), les fruits secs destinés à la fabrication des vins dans les villes sujettes, à raison de 100 kilos de fruits secs pour trois hectolitres de vin. Cet impôt fut appliqué dès le 20 juillet 1889 au moment où fut promulguée la loi de Finances.

Cette taxe nouvelle frappait spécialement la classe ouvrière qui fabriquait au moyen des raisins secs une boisson saine et économique qui pouvait remplacer le vin dont le prix était élevé depuis plusieurs années par suite des mauvaises récoltes.

Les réclamations et les protestations les plus légitimes abondèrent : elles laissaient entrevoir que ces droits équivalaient à la prohibition. Notre Chambre syndicale s'en fit l'écho auprès de la Chambre de Commerce de Lyon et auprès des Pouvoirs Publics.

La piquette fabriquée avec les raisins secs était-elle réellement du vin ?

Tel n'était pas notre avis. La Chambre de Commerce de Lyon partagea notre opinion et adressa une lettre de protestation au Ministre des Finances.

Rien n'y fit ; nous nous sommes heurtés à un véritable parti pris.

Depuis, lors de la discussion de chaque budget, nous avons insisté pour faire abroger l'art. 12 de la loi de Finances de 1889, chaque fois nous avons échoué.

Nous ne saurions terminer ce chapitre, sans mentionner le prix actuel d'achat et le prix rentrant à Lyon de 100 kilos de raisins secs à boisson de Turquie.

Raisin Thyra, prix caf Marseille 100 kil. . . . . . 10 »
    droits de douane (maximum 25 fr.) minimun. . 15 »
    débarquement, mise en gare et port à Lyon. . 6 »
    droit institué par la loi de 1889. . . . . . . 23 21
    droits d'octroi à Lyon. . . . . 18 »
                      Prix rentrant. 72 21

Ce prix de revient nous dispense de tout commentaire ; actuellement la consommation de ces raisins est nulle à Lyon, tandis qu'elle avait atteint 800,000 kilogr. avant 1889, tombant cette même année à 515,000 kilogr. et à 217,000 kilogr. en 1890.

CHAPITRE II

Commerce général. — Douanes. — Traités de commerce.

COMMERCE EXTÉRIEUR. — L'exportation entre pour une large part dans le chiffre d'affaires de nos adhérents industriels, aussi les relations commerciales de la France avec les nations étrangères devaient naturellement attirer l'attention de notre Chambre. .

Dès l'année 1874, la Chambre de Commerce nous adressait un questionnaire préparé par la Commission des exportations. Le Syndicat s'abstint d'y répondre à cause du vague et de l'obscurité des questions.

TRAITÉS DE COMMERCE 1879. — Ainsi que le disait le compte-rendu annuel de l'année 1879, la grave question de l'expiration des traités de commerce et le remaniement des tarifs douaniers, devaient appeler l'attention de notre Chambre, à cause des graves intérêts qui étaient mis en jeu.

Nous n'avons pas à ce moment pris une part directe aux débats engagés. Plusieurs de nos membres faisaient partie du Comité créé à Lyon pour la défense de libertés commerciales.

Les résultats obtenus alors furent conformes aux intérêts qui nous étaient confiés, et les traités de commerce conclus nous mirent à l'abri pour un certain temps de modifications dans les tarifs.

QUESTIONNAIRE DE 1887. — Notre Chambre fut de nouveau consultée en 1887 par M. le Ministre de la marine et des colonies au sujet de notre commerce avec les colonies. Un long rapport fut adressé comme réponse, qui réclamait des tarifs communs plus réduits pour l'exportation et des facilités pour les transports par voie maritime.

QUESTIONNAIRE DE 1889. — En 1889 un questionnaire fut élaboré par le Comité supérieur du commerce.

Ce questionnaire avait une importance considérable par le fait que tous nos traités de commerce allaient arriver à expiration, et que de l'ensemble des réponses qui lui seraient faites, le gouvernement tirerait des indications pour la refonte du tarif général des douanes, et pour le *modus vivendi* à appliquer à nos relations commerciales extérieures.

A peine ce document fut-il en notre possession que nous en avons envoyé un exemplaire à tous nos adhérents, puis chaque groupe fut convoqué à l'effet de fournir les renseignements qui devaient servir à la réponse que nous avions à faire.

Il était facile de voir que c'était le début de la lutte économique qui s'engageait entre les protectionnistes et les partisans de la liberté commerciale.

Nous avons résumé dans nos réponses les desiderata de nos adhérents en insistant spécialement sur la troisième question relative aux traités de commerce, dans les termes suivants :

« Il résulte des dépositions faites devant notre Chambre syndicale que la presque unanimité de nos commerçants et de nos industriels est d'accord pour demander des traités de commerce d'une certaine durée.

« Nous pensons que pour développer une industrie, il est utile qu'elle puisse avoir des débouchés à l'exportation et que dès lors il lui faut une position stable.

« Un tarif unique ou un double tarif aurait ce grand inconvénient d'amener les autres nations à adopter des mesures identiques ; les droits pourraient être remaniés à chaque instant, et lorsqu'un industriel, trouvant un débouché à l'étranger aurait agrandi son usine, des droits mis à l'improviste lui feraient perdre ce débouché et amèneraient sa ruine.

« Avec des traités de commerce ayant au contraire une certaine durée, l'industriel aura le temps suffisant pour chercher sa voie, pour étudier les moyens de se créer des relations à l'étranger, mais ceci fait, il sera sûr que jusqu'à l'expiration des traités ses relations ne seront pas interrompues et que la marche de son usine sera assurée.

« Nous sommes donc d'avis qu'il faut à la France des traités de commerce d'assez longue durée, en obtenant pour nos produits fabriqués les conditions les meilleures qu'il soit possible, et surtout avec la franchise des droits à l'entrée en France pour les matières premières nécessaires à l'industrie.

« Nous ne mettons pas en doute que certains produits fabriqués doivent être frappés, mais avec discernement, suffisamment pour encourager les efforts de nos industriels, mais pas de manière à nous attirer des représailles qui réduiraient l'industrie à la consommation intérieure, ce qui amènerait par contre-coup la décadence du commerce en France.

Nos doléances n'ont pas été écoutées et un régime vraiment draconien a été établi par le tarif des douanes de 1892.

Tarif des Douanes (1892). — Aussitôt que le Gouvernement eût reçu des Chambres de Commerce et des Chambres Syndicales les réponses au questionnaire du comité supérieur du commerce, il élabora et présenta au vote des Chambres un double tarif (maximum et minimum), qui devait être substitué au régime des traités de commerce.

La Chambre syndicale s'empressa de se procurer ce document, et consacra plusieurs séances à l'examen des réclamations qui lui avaient été adressées.

Un long mémoire fût adressé à M. le Ministre du Commerce.

Mais le vent de protection qui soufflait depuis un certain temps ne nous permettait guère d'espérer que nos revendications seraient écoutées.

Nous pouvons toutefois nous féliciter qu'un certain nombre de matières premières nécessaires à l'industrie aient été exemptées de droits.

Depuis, plusieurs conventions basées sur le tarif minimum ont été conclues avec diverses puissances, mais ce sont des conventions qui n'apportent aucune stabilité dans nos rapports avec l'étranger.

DROITS SUR LES BLÉS (1884-1886). — ADMISSION TEMPORAIRE DES SEMOULES DESTINÉES A LA FABRICATION DES PATES ALIMENTAIRES (1885-1890). — Notre Chambre syndicale s'est toujours opposée aux droits qui devaient frapper les denrées alimentaires et surtout les denrées de première nécessité.

A ce titre nous devions combattre les droits sur les blés. Ces droits ont été votés, de 3 fr. (loi du 28 mars 1885), portés à 5 fr., par la loi du 29 mars 1887.

Mais une autre question se greffait sur la première.

Au moment où étaient proposés les droits sur le blé, le traité de commerce entre la France et l'Italie protégeait de toute surtaxe les produits portés au tableau *A* du dit tarif ; au nombre de ces produits se trouvaient les semoules en pâtes, dites pâtes d'Italie.

Par ce fait nos fabricants se trouvaient dans une situation désastreuse.

Une pétition élaborée par notre Chambre fût adressée à tous les fabricants de pâtes alimentaires français, et peu après nous déposions sur le bureau de la Chambre des Députés cette pétition revêtue de la signature de 56 industriels.

Nous signalions à MM. les Députés que les traités existants laissaient entrer au droit de 3 fr. par 100 kilos les pâtes venant d'Italie et d'Allemagne, qu'un droit de 5 fr. sur le blé représentant 10 fr. par 100 kilos sur les pâtes nous mettrait dans l'impossibilité de lutter en France contre la concurrence de nos voisins et nous demandions à MM. les Députés de rejeter le droit de 5 fr., ou, s'il était adopté, d'exonérer les blés durs destinés à la fabrication des pâtes.

Le droit fût voté, mais en même temps le traité de commerce franco-italien était dénoncé par l'Italie.

Ce n'était pas le seul désagrément que cet impôt devait causer à nos adhérents. Les fabricants de pâtes alimentaires qui exportaient 20 à 25 0/0 de leur fabrication, se voyaient menacés dans leur existence s'ils n'obtenaient pour les produits exportés, le bénéfice de l'admission temporaire.

La Chambre syndicale s'empressa de porter devant le Gouvernement les réclamations de nos adhérents.

La Chambre de Commerce intervint sur notre demande, et le 20 décembre 1885, parut un décret qui accordait le bénéfice de l'admission temporaire aux semoules destinées à la fabrication des pâtes, en prenant pour base de décharge, la semoule blutée à 30 0/0.

Ce décret ne donnait qu'une demi satisfaction à nos adhérents, car la plupart des produits exportés étaient fabriqués avec des semoules de qualité supérieure, blutées à 45 0/0, et le décret du 24 mai 1887, tout en admettant les pâtes à la décharge des comptes d'admission temporaire des semoules blutées à 30 0/0 et à 45 0/0, laissait à nos industriels une perte de plus de 2 fr. par 100 kilos sur les pâtes de qualité supérieure ; il fallait obtenir une mesure pour faire cesser cette perte.

Nos demandes tendirent d'abord à obtenir pour les pâtes fabriquées avec les semoules blutées à 45 0/0 un remboursement de droits équivalent.

Le Comité consultatif des Arts et Manufactures arguant toujours de la difficulté de reconnaître les pâtes fabriquées avec la semoule blutée à 45 0/0 d'avec les pâtes fabriquées avec la semoule blutée à 30 0/0, aucune solution n'intervenait.

C'est alors que notre Chambre fit remarquer à M. le Ministre du commerce qu'une enquête sérieuse faite à l'occasion du questionnaire de 1889 du Comité supérieur du commerce nous avait permis d'apprécier que l'exportation portait spécialement sur les pâtes de qualité supérieure, et qu'il serait plus sage de s'arrêter à un blutage fictif intermédiaire de 38 0/0, ce qui donnerait satisfaction à nos adhérents.

Le Gouvernement voulut bien se rallier à notre avis, ce qui fut confirmé dans la pratique par le décret du 10 septembre 1890.

DROITS SUR LE RIZ. — Nous avons fait les plus grands efforts pour faire rejeter les droits sur le riz.

Dès l'année 1886, nous adressions aux Pouvoirs publics une protestation énergique ; ce droit, à notre avis, allait frapper un objet de première nécessité dont la plus grande partie est consommée par des ouvriers.

Soutenus par la Chambre de Commerce de Lyon, et grâce à l'appui bienveillant de M. Thévenet député du Rhône qui voulut bien prendre la parole pour combattre le droit proposé, nous avons réussi à le faire rejeter.

L'année suivante nous étions obligés de recommencer la même campagne et nous obtenions le même succès.

Mais, sans se laisser décourager par ces échecs successifs, les partisans des droits revinrent à la charge. Les idées protectionnistes s'accentuaient au sein de la Chambre des députés, et tout nous faisait prévoir que notre cause était perdue.

Néanmoins vos Syndics n'hésitèrent pas à envoyer une députation pour déposer devant la Commission des douanes.

M. E. Aynard président de la Chambre de Commerce et député du Rhône fit entendre à la Chambre un éloquent plaidoyer ; tout fut inutile.

Un droit de 8 fr. 0/0 fût voté sur le riz en grains et ce vote fut confirmé par le Sénat.

Nous avons constaté à ce moment qu'il eût suffi d'un déplacement de 14 voix pour obtenir le rejet des droits.

DROITS SUR LE CAFÉ, LE CACAO, ETC. (1887). — En 1887, plusieurs députés déposèrent un projet de loi ayant pour objet d'établir une surtaxe de 30 francs 0/0 kilos sur les les cafés et les cacaos importés des pays étrangers ou des entrepôts de l'Europe.

La Chambre Syndicale examina ce projet qui n'est du reste jamais venu en discussion et décida de le repousser.

Le nouveau tarif douanier a augmenté de 5 fr. 0/0 kⁿˢ la surtaxe sur les cafés et les cacaos importés des entrepôts d'Europe, mais par contre il a diminué de 50 0/0 les droits de douane perçus sur les cafés, cacaos, poivres, etc., importés directement des colonies françaises.

TRAITÉ DE COMMERCE FRANCO-ITALIEN (1878-1887-1888). — A deux reprises nous nous sommes occupés du traité de commerce entre la France et l'Italie.

En 1878 conformément à nos désirs un traité a été conclu.

En 1887-1888 notre Chambre Syndicale s'est encore montré partisan d'un renouvellement de ce traité comme de tous les traités. Si l'Italie nous envoyait de nombreuses matières premières et spécialement des denrées de consommation, la France y exportait pour un chiffre au moins égal de produits fabriqués.

L'Italie a elle-même dénoncé le traité ; mais si nous avons perdu en grande partie notre exportation, cette nation en a ressenti un contre-coup plus terrible encore, car les denrées qu'elle nous envoyait naguère ont subi une baisse importante, telle que les droits mis sur les produits italiens sont entièrement perdus pour les négociants de ce pays.

Traité franco-autrichien 1883. — Les relations commerciales de la France avec l'Autriche ont traversé des périodes diverses depuis l'expiration du traité du 11 décembre 1866 ; mais en général nous avons vécu avec l'application du traitement de la nation la plus favorisée.

En 1883 ce traitement allait prendre fin par suite de l'expiration de la convention du 7 novembre 1881, lorsque les fabricants de pâtes alimentaires, menacés de voir les droits portés de 1 florin à 6 florins 0/0 kilos réclamèrent notre intervention.

La Chambre Syndicale appela sur cette question l'attention de la Chambre de Commerce, en la priant de se faire auprès du Ministre du Commerce, l'interprète de nos adhérents.

La Convention fut prorogée provisoirement.

Traité franco-roumain 1887. — Au mois d'août 1886, les fabricants de Pâtes alimentaires se plaignaient que depuis le 17 juin 1886 leurs produits importés en Roumanie devaient acquitter à l'entrée un droit prohibitif de 30 francs par 100 kilos, tandis que les pâtes allemandes et italiennes entraient librement dans ce pays.

Nos réclamations n'ont pas été écoutées.

Peu après l'Allemagne a renoncé à ce tarif de faveur pour les pâtes en obtenant des avantages pour d'autres produits.

Depuis, du reste, le tarif des douanes voté par les Chambres a clos la discussion.

Tarifs Mac Kinley 1890-1893. — Dans le courant de l'année 1890, les Etats-Unis d'Amérique édictèrent des mesures draconiennes contre les importateurs, par l'adoption de tarifs de douane très élevés et de formalités vexatoires à l'importation. La Chambre de commerce de Lyon protesta énergiquement et notre Chambre se joignit à cette protestation.

Trois ans après (1893), un courant plus pacifique s'est manifesté et tout permet d'espérer qu'un *modus vivendi* acceptable sera établi.

Une enquête ouverte par notre Chambre syndicale a eu pour résultat d'amener les réclamations de plusieurs industries (Phosphore, colles et gélatines, pâtes alimentaires).

Les desiderata de nos adhérents ont été adressés par nos soins à M. le Ministre du commerce et à la Chambre de commerce.

TRAITÉ FRANCO-SUISSE 1892. — L'application du nouveau tarif des douanes devait amener des représailles de la part des nations étrangères. Le traité franco-suisse arrivant à expiration, il fut impossible au Gouvernement français de le renouveler, et la Suisse édicta à notre endroit un tarif prohibitif.

Des réclamations nombreuses parvinrent à notre Chambre syndicale qui estima après mûre délibération qu'il était inopportun de les produire.

Il a été décidé que la question serait de nouveau étudiée, dès que nous serions avisés que des pourparlers seraient entamés entre les deux gouvernements.

MÉLANGE DES CAFÉS EN DOUANE 1876. — Plusieurs négociants en denrées coloniales se plaignirent de l'autorisation accordée aux négociants des ports de mélanger en douane les cafés de diverses provenances, pour les réexpédier sous plomb, comme provenant directement des lieux d'origine.

Une réclamation fut adressée par nos soins à l'administration des douanes qui répondit que les acquits qui accompagnaient les marchandises ainsi mélangées portaient des signes distinctifs.

POSTE DE DOUANE A LA GARE DE LA GUILLOTIÈRE 1878. — Sur la demande de divers adhérents, le Syndicat sollicita de l'administration des douanes la création d'un poste à la gare de la Guillotière afin qu'il fut possible d'y recevoir des wagons complets sous plomb unique.

Cette pétition paraissait destinée à recevoir une solution favorable, mais elle fut abandonnée lorsque fut soulevée la question de la transformation de la douane en entrepôt international.

Transformation de la Douane de Lyon en Entrepot international 1878-1883. — Pendant six années consécutives, le Syndicat a joint ses efforts à ceux de la Chambre de commerce et d'un certain nombre de Chambres syndicales pour obtenir que les magasins de la douane fussent reliés par un embranchement à la ligne du chemin de fer et que la douane fût ouverte à toutes les opérations du transit international.

Après bien des vicissitudes ce projet a été réalisé et le nouveau service a été inauguré le 1er juillet 1883.

Fonctionnement des bureaux de la Douane 1885. — Des plaintes nombreuses auxquelles notre Chambre syndicale s'était associée étaient parvenues à la Chambre de Commerce au sujet du fonctionnement du service à la douane.

La Chambre de Commerce ouvrit une enquête ; les intéressés se plaignaient que, pendant certaines heures de la journée, les opérations étaient suspendues.

Un accord intervint, et depuis le 1er janvier 1886 les bureaux sont ouverts au public en toute saison de 9 heures du matin à 5 heures du soir.

Laboratoire de chimie a la douane 1883-1884. — L'article 8 du décret du 8 septembre 1883 sur l'admission temporaire des fils de coton avait institué un laboratoire de chimie en douane pour la vérification des fils et des tissus.

Les industriels faisant partie de notre syndicat, fabricants de chocolat et de pâtes alimentaires et qui exportaient leurs produits, ne pouvaient se servir de ce laboratoire et étaient obligés de laisser faire leurs analyses par les laboratoires de Paris ou de Marseille.

Les fabricants réclamèrent et nous avons porté ces réclamations devant la Chambre de Commerce et devant l'Administration des douanes.

Avec l'agrément de l'Administration des douanes, la Chambre de Commerce autorisa en 1884 nos adhérents à se servir du laboratoire de Lyon.

Transit international par batellerie, 1886 à 1888. — Lorsque la douane de Lyon fut devenue internationale, notre Chambre a demandé au Gouvernement l'application à la batellerie du bénéfice du transit international pour les chargements incomplets.

Notre argumentation était simple : toutes nos marchandises sont taxées au poids et non *ad valorem* ; les acquits ou soumissions sont cautionnés et présentent à l'Administration toutes les garanties auxquelles elle peut prétendre. Néanmoins notre demande a été ajournée, et le chemin de fer peut seul accepter des chargements incomplets voyageant avec un seul plomb.

Cette résistance est d'autant plus extraordinaire, que le plomb ne protége absolument pas la marchandise, que c'est plutôt une formalité, et que la meilleure garantie de l'Administration se trouve dans les signataires des acquits ou des soumissions.

CRÉATION D'UN ENTREPÔT RÉEL DES SUCRES INDIGÈNES A LYON. — Depuis longtemps l'attention de notre Chambre syndicale avait été attirée sur les avantages que présenterait pour notre commerce la création d'un entrepôt réel des sucres indigènes à Lyon.

Dès l'année 1886, une pétition fut adressée à M. le Ministre des Finances en lui indiquant que la Ville étant propriétaire des magasins de la douane, aucun local ne saurait mieux convenir.

Copie de cette lettre fut adressée à la Chambre de Commerce de Lyon.

Le Ministre nous renvoya à la municipalité qui, aux termes de la loi du 31 mai 1846, devait prendre l'initiative de cette demande ; mais nos démarches auprès de la municipalité restèrent sans résultat.

La question fut reprise au début de 1890. A ce moment, M. le Maire de Lyon adressait une lettre à diverses Chambres syndicales pour avoir leur avis au sujet du fonctionnement de l'entrepôt de la douane.

En donnant l'avis qui lui était demandé, notre Chambre Syndicale renouvelait ses instances relativement à la création d'un entrepôt réel des sucres indigènes.

Le 4 mars de la même année, l'Administration présentait au Conseil municipal un rapport favorable, et nommait une Commission chargée de l'étude de cette question ; mais, malgré les démarches de la Chambre de Commerce et malgré nos instances nous n'obtenions aucune solution.

En outre une dualité se fit jour entre l'Administration des Douanes et celle des Contributions indirectes: cette difficulté fut encore aplanie (1892), grâce aux bons offices de la Chambre de Commerce.

Nous touchions presque au but, car le 6 décembre 1892, le Conseil municipal prenait une délibération favorable et le 9 février 1893, *le Journal Officiel* publiait un décret accordant un entrepôt réel des sucres indigènes à la ville de Lyon.

Nos démarches continuèrent sans discontinuité jusqu'au vote par le Conseil municipal du règlement et des tarifs du nouvel entrepôt.

Tout est terminé maintenant, et l'entrepôt sera ouvert dans le courant de cette année.

DROIT DE STATISTIQUE SUR LES PATES ALIMENTAIRES. — La loi du 22 janvier 1872, frappe tous les produits exportés d'un droit de statistique de 10 centimes par colis ; mais ce droit a été réduit pour certains produits à 10 centimes par dizaine de colis d'un poids d'au moins 15 kilos net.

En 1889, nous avons demandé au nom des fabricants de pâtes alimentaires que leurs produits soient admis à ce tarif de faveur, eu égard à la faible valeur de la marchandise exportée.

Cette demande appuyée par la Chambre de Commerce a été rejetée par le Ministre des Finances qui a argué de la situation budgétaire.

Une nouvelle pétition présentée en 1892, n'a pas eu plus de succès ; M. le Ministre du Commerce à qui nous l'avions adressée s'est borné à nous communiquer la réponse faite en 1889, à la Chambre de Commerce par le Ministre des Finances.

DOCUMENTS STATISTIQUES (1892). — Au début de l'année, sur la réclamation des fabricants de colles et gélatines, notre Chambre a demandé à M. le Ministre du Commerce d'insérer dans le recueil mensuel des documents statistiques sur le commerce de la France, le détail par pays de l'exportation de la colle forte.

Ce vœu appuyé par la Chambre de Commerce a reçu une satisfaction immédiate.

CHAPITRE III

Régime fiscal.

Impôt 3 0/0 sur le revenu du capital des sociétés en nom collectif 1875. — Le compte rendu annuel de l'exercice de 1875, est à citer textuellement :

Notre Syndicat ne s'est laissé devancer par aucune association en ce qui concerne les réclamations contre la taxe de 3 0/0 appliquée au revenu commercial, et dès qu'une action commune des Syndicats Lyonnais contre cette prétention du fisc a été proposée, notre Chambre s'est empressée d'adhérer à cette union, ainsi qu'aux mesures financières jugées nécessaires pour organiser une défense collective devant toutes les juridictions.

Un mouvement très actif de pétitions à l'Assemblée Nationale était organisé par les Syndicats, et grâce à cette agitation salutaire qui s'est produite simultanément sur toutes les places de commerce, la loi fiscale relative à la taxe de 3 0/0 a été remaniée de façon à exonérer complètement de cet impôt les sociétés en nom collectif pures et simples.

Impôt 4 0/0 sur les intérêts des emprunts des sociétés en nom collectif (1892). — La loi du 29 juin 1872, frappait d'un impôt de 4 0/0 le revenu des valeurs mobilières.

Récemment, l'administration de l'enregistrement élevait la prétention d'assujettir à cet impôt les emprunts des sociétés en nom collectif.

Saisis d'une protestation de l'Union des Syndicats du Loiret, nous avons joint nos efforts à ceux de l'Union des Chambres Syndicales Lyonnaises pour opposer une résistance énergique aux prétentions de l'administration.

La Chambre des Députés, sur la proposition de M. Rabier, député du Loiret, a introduit dans la loi des finances de 1893, une disposition qui précise la loi de 1872, et exonère les sociétés en nom collectif de l'impôt de 4 0/0 sur le revenu des valeurs mobilières. Le Sénat a confirmé ce vote.

Timbre des affiches (1888). — L'administration voulait encore soumettre au droit du timbre les tableaux-réclame affichés à l'intérieur des magasins.

Notre Chambre appuyée par l'Union des Chambres Syndicales Lyonnaises adressa une réclamation aux Pouvoirs publics.

Les droits sur le pétrole (1889-1893). — Dans le courant de l'année 1888, la Chambre de commerce de l'Yonne prenait une longue délibération pour demander au gouvernement une modification aux droits perçus sur l'huile de pétrole brute et sur l'huile raffinée.

La question avait une importance considérable pour nos adhérents dont un certain nombre s'occupait du commerce et même de l'importation des huiles minérales.

Cette question fut mise à l'étude et le 31 mars 1890, notre Chambre syndicale adressait une pétition à M. le Ministre des Finances.

Notre but était d'obtenir une législation nouvelle qui permit plus aisément l'importation simultanée du pétrole brut et du pétrole raffiné.

Le moment était du reste propice puisque les Chambres allaient discuter le nouveau tarif des douanes.

Des dissentiments se manifestèrent entre la Chambre des députés qui voulait abaisser les droits à 7 fr. 0/0 kilos, sur le pétrole brut et à 12 fr. sur le pétrole raffiné, et le Sénat qui voulait maintenir les droits en vigueur. Un accord intervint qui prorogeait les droits actuels jusqu'au 30 septembre 1892 (Art. 19 du tarif général des douanes).

Les mêmes droits restèrent encore en vigueur après cette époque, afin de faciliter les négociations commerciales entamées par le gouvernement avec la Russie et les Etats-Unis d'Amérique.

Notre Chambre n'avait pas perdu de vue cette importante question et nous continuâmes à réclamer un traitement fiscal qui, tout en accordant aux industriels français une protection équitable, ne s'opposât pas à l'importation directe du pétrole raffiné.

La Chambre des députés et le Sénat discutèrent enfin le projet de loi présenté par le gouvernement, et, sans toucher aux droits actuels qui furent adoptés comme tarif maximum, ils inscrivirent au tarif minimum un droit de 9 fr. 0/0 kilos sur le pétrole brut et de 12 fr. 50 0/0 kilos sur le pétrole raffiné.

La loi fut promulguée le 30 juin 1893 et le tarif minimum fut presque en même temps concédé à la Russie et aux Etats-Unis d'Amérique.

Régime des sucres. — Des modifications très nombreuses ont été apportées au régime des sucres depuis 1880.

Notre Chambre syndicale qui compte parmi ses adhérents tous les négociants en gros de denrées coloniales de notre ville où le trafic du sucre (brut ou raffiné) s'élève à près de 15.000 tonnes, était dans l'obligation de suivre pas à pas l'étude de cette question.

Si l'on considère la somme considérable que produit l'impôt sur le sucre, on comprend que toute élévation ou modération de droits a une influence importante sur le règlement du budget, sans omettre que chaque modification entraine pour le commerce de graves perturbations.

Lorsque en 1880 fut voté le dégrèvement de 33 fr. 20 0/0 kilos, sur le sucre raffiné, la législateur avait omis d'indiquer ce qu'il adviendrait du sucre acquitté qui se trouvait dans les magasins des intermédiaires.

Des délégués de notre Chambre syndicale virent à Paris M. le Ministre du commerce et M. l'Administrateur des douanes; leurs démarches appuyant celles déjà faites par de nombreux intéressés aboutirent à faire dégrever le sucre acquitté par la création de certificats d'inventaire.

La loi de 1881 bouleversa de fond en comble le système ancien; mais si elle nous donnait un impôt plus élevé elle était plus libérale pour le fabricant. Notre Chambre syndicale fut d'avis de l'approuver.

Depuis, les droits ont été relevés de 40 à 50 francs, puis à 60 francs 0/0 kilos sur le sucre raffiné. A chaque relèvement de droit notre Chambre syndicale a adressé une protestation aux Pouvoirs publics, car, ainsi que nous le disions plus haut chaque modification apporte une perturbation dans les transactions de nos adhérents.

Mais il est à remarquer qu'à chacune de ces périodes, on peut se rendre compte de l'utilité des intermédiaires; les fluctuations de cours qui devraient se produire brusquement affectent une forme bénigne et il faut plusieurs semaines pour que le consommateur s'aperçoive autrement que par les journaux qu'une modification a été introduite dans les droits.

Sucrage des vendanges 1884 à 1886. — L'article 2 de la loi du 29 juillet 1884 avait réduit à 20 fr. pour 100 kilos au lieu de 60 fr. le droit applicable au sucre destiné au sucrage des vendanges.

Le décret d'administration publique qui intervint laissait aux contributions indirectes le droit de disposer des dépôts qui étaient créés à cette occasion, et le commerce des denrées coloniales fut exclu de la vente de ces sucres.

Notre Chambre Syndicale s'émut de la situation vraiment extraordinaire faite à nos adhérents ; après deux années entières de démarches et de pétitions, appuyées par la Chambre de Commerce, nos adhérents obtinrent enfin en 1886, le droit de vendre le sucre au droit réduit.

La loi du 25 mai 1887 a relevé le droit à 24 fr. 0/0 kilos.

Droits d'accise sur la bougie (1890-1893). — A l'instigation de la Chambre Syndicale des stéariniers de France dont font partie plusieurs de nos adhérents, M. E. Ferry, député, déposait en 1890 un projet de loi portant suppression des droits d'accise qui frappent la bougie.

Sur la demande de nos adhérents notre Chambre appuya ce projet de loi par une pétition adressée à M. le Ministre du Commerce et à M. le Rapporteur général du budget.

Il nous fut répondu que la situation budgétaire ne permettait pas de nous donner satisfaction, et le projet de loi présenté comme amendement à la loi de Finances fut repoussé.

La question s'est posée à nouveau cette année à l'occasion du budget de 1895.

Par une délibération qui a été transmise aux ministres compétents, notre Chambre a fait observer combien était anormale la situation des fabricants de bougies frappés depuis plus de 20 ans d'un impôt qui ne devait être que temporaire, tandis qu'ils ont vu dégrever tous les autres produits imposés à la même époque, et que les droits sur le pétrole, leur plus redoutable concurrent, ont été réduits de 50 0/0.

Loi sur les patentes 1878, 1880 et 1890. — Le gouvernement et les Chambres ayant manifesté l'intention de remanier la loi de 1844 sur les patentes, notre Chambre syndicale nomma dès 1877 une commission pour examiner la question. Mais le projet de loi ayant été retiré, cette commission ne fit pas de rapport.

En 1879 notre Chambre syndicale donnait son adhésion au Président du Syndicat des négociants en tissus qui fut délégué à Paris auprès de la Commission parlementaire nommée pour examiner un nouveau projet sur les patentes, afin de protester contre la patente imposée à un commerçant proportionnellement à la valeur locative de son appartement privé, lequel n'a aucun rapport avec son commerce.

Sans faire droit à toutes nos réclamations, la loi de 1880 sur les patentes apporta quelques améliorations, surtout en ce qui concerne les classifications, mieux définies que par le passé. Le droit proportionnel pour un certain nombre d'assujettis de la 1re classe fut réduit du dixième au vingtième.

En 1890, de nouvelles modifications à la législation des patentes furent demandées par l'initiative parlementaire.

La Commission nommée par la Chambre des députés pour examiner ces projets, présidée par M. Mesureur, envoya aux Chambres de Commerce et aux Chambres syndicales un questionnaire pour recueillir leurs avis sur cette importante question.

Notre Chambre syndicale approuva à l'unanimité, dans sa séance du 2 décembre 1890, un rapport préparé par son président, M. Lyonnet, en réponse à ce questionnaire.

Ce rapport repousse les modifications proposées aux principes sur lesquels repose la législation de 1880, et qui sont : la coexistence d'un droit fixe et de droits proportionnels, l'assiette de ces derniers d'après des signes extérieurs, comme la valeur locative, l'espèce de commerce ou d'industrie, le nombre d'habitants de la commune où est établi le patentable, le nombre d'employés ou d'associés, et non d'après le chiffre d'affaires ou de bénéfices impossible à connaître sans une inquisition intolérable. Il repousse avec énergie le principe du droit progressif qu'on voulait substituer au droit proportionnel, et l'idée de taxer séparément tous les genres de commerce exercés dans le même local. Il demande seulement les corrections suivantes à la loi de 1880 : qu'on ne tienne pas compte de la valeur locative du domicile privé du patentable qui n'a rien à voir avec l'importance de son commerce ; cette façon d'asseoir la patente surchargeant en outre le père d'une nombreuse famille en favorisant les célibataires : qu'on étende au commerce en gros, ayant une vente régionale et non locale, le taux des communes plus peuplées et non celui de la commune même où il est établi ; qu'enfin on assujettisse à la patente les syndicats agricoles qui se livrent de plus en plus au commerce.

Les réponses adressées à la Commission parlementaire par l'Union des Chambres Syndicales lyonnaises, le 24 octobre 1890 et par la Chambre de Commerce, le 11 décembre 1890, s'inspiraient des mêmes vues.

La loi votée n'a apporté aucune amélioration à la loi de 1880.

DEMANDE DE SUPPRESSION DES TIMBRES DE QUITTANCE 1879. — La loi du 23 août 1871 a créé un impôt vexatoire entre tous, celui des timbres de quittance qui frappe d'un droit de 10 centimes une quittance de 11 fr. comme une quittance de cent mille francs.

Pour certains commerces n'établissant que des petites factures et dont le bénéfice est limité cette taxe modeste en apparence constitue une lourde charge.

Notre Chambre syndicale pensait que cet impôt devait disparaître un des premiers ; des démarches actives furent faites en 1879, elles n'eurent aucun succès.

CHAPITRE IV.

Téléphones. — Colis postaux.

TÉLÉPHONES. — La concession des téléphones accordée en 1879 et prorogée en 1884, devait prendre fin en 1884.

Le 26 novembre 1886, M. le Ministre des postes et télégraphes concluait avec une Société fermière une convention provisoire qui lui concédait le monopole et l'exploitation pendant trente-cinq ans.

L'Union des Chambres syndicales lyonnaises s'occupa de cette question qui intéressait tous les commerçants et les industriels de notre ville, et sur le rapport de M. Guérin elle demanda entr'autres choses : le rejet de la convention du 26 novembre 1886, la réunion du service téléphonique aux postes et télégraphes, l'abaissement de l'abonnement à 200 francs par an pour les villes de province, l'établissement à bref délai des lignes à longues distances.

Notre Chambre syndicale qui compte le cinquième de ses adhérents parmi les abonnés du téléphone examina le rapport de l'Union et l'approuva complétement.

Au Congrès des Chambres syndicales de France, en 1889, nos délégués furent chargés de défendre le rapport de l'Union et de demander le rachat des téléphones par l'État. Le vœu déposé dans ce sens fut adopté par le Congrès.

Peu de jours après (juillet 1889), les Chambres repoussaient le traité conclu par M. Granet et votaient le rachat des téléphones. La loi fut promulguée le 16 juillet 1889; le prix d'abonnement qui était de 400 francs à Lyon a été abaissé à 300 francs par an.

COLIS POSTAUX. — La création des colis postaux remonte à la Conférence internationale de Paris du 9 octobre 1880.

Le fonctionnement de ce service a subi depuis le début de nombreuses modifications tant au point de vue du service international que du service intérieur, après les conférences de Lisbonne, 1885, et de Vienne, 1891.

C'est au cours de l'année 1886 que l'Union fut appelée à examiner le projet de loi déposé par le gouvernement le 29 mai 1886, et l'attention de toutes les Chambres syndicales lyonnaises fut attirée sur cette question.

Notre Chambre mit la question à l'étude et transmit à l'Union un rapport présenté par M. Lyonnet, président, qui précisait nos desiderata :

1° Création d'un colis postal de 5 kilos, tout en maintenant le colis de 3 kilos ;

2° Extension du service aux localités non desservies ;

3° Application pour les remboursements en service intérieur de la taxe de 2 0/0 admise pour le service international ;

4° Fixation des délais de transport.

Le Conseil central approuva notre rapport, mais rien ne fut modifié jusqu'en 1891.

La conférence de Vienne de 1891 a considérablement amélioré le service international, mais il serait injuste de méconnaître les améliorations apportées au service intérieur par la loi du 12 avril 1892, approuvant la convention intervenue le 15 janvier 1892, entre l'Etat et les Compagnies françaises de Chemins de fer.

Sauf la taxation des remboursements à 2 0/0 *ad valorem*, tous nos desiderata ont été adoptés.

La question des délais de transports avait été omise dans les conventions; sur notre demande, elle fut portée à la tribune du Sénat par M. Millaud, et elle motiva une déclaration très favorable du Ministre du commerce.

Le décret qui a proscrit l'application de la loi du 12 avril 1892, nous a donné satisfaction en assimilant les colis postaux aux marchandises tranportées en grande vitesse.

Pour compléter ce résumé, nous devons signaler les principales améliorations apportées par la dernière loi au service intérieur des colis postaux :

1° Création d'un colis postal de 5 kilos ;

2° Exonération de la surtaxe de 50 0/0 dont se trouvaient frappés les colis encombrants ;

3° Extension du service, tant au départ qu'à l'arrivée, à de nombreuses localités par les correspondances des chemins de fer ;

4° Création d'un service par toute voie de terre ;

5° Faculté de suspendre la transmission ou de modifier l'adresse du destinataire ;

6° Déclaration de la valeur portée à 500 francs ;

7° Remboursement porté de 100 à 500 francs ;

8° Création de colis express.

Nous indiquerons parmi les principales améliorations du service international :

1° La possibilité de payer les droits de douane au départ :

2° La création de colis express ;

3° L'extension du service à de nombreuses localités.

CHAPITRE V

Chemins de fer. — Navigation.

Impôt 5 0/0 sur les transports en petite vitesse (1873). — A peine installée, notre Chambre Syndicale adressait une pétition (25 novembre 1873), à la Chambre de Commerce pour combattre le projet d'impôt de 5 0/0 sur les transports par chemins de fer en petite vitesse.

Malgré les efforts combinés de tout le commerce français, cet impôt, que M. Picard a pu traiter de désastreux pour le commerce, a été voté (loi du 21 mars 1874).

Il n'eut du reste, qu'une durée éphémère et fut supprimé quatre ans plus tard par la loi du 26 mars 1878.

Délais d'enlèvement en gare et frais de magasinage. — Cette question est également une de celles qui ont préoccupé notre Chambre Syndicale dès la première année de sa fondation. Il n'en pouvait être autrement, si l'on considère le tonnage important que nous procurons à la voie ferrée, et en partie avec des marchandises de faible valeur.

Bien que soutenus par la Chambre de Commerce qui, par plusieurs délibérations, s'est faite l'interprète de nos doléances, nous avons échoué.

Il ne faut pas oublier du reste que les Compagnies cherchent à se prémunir contre l'encombrement des gares et que les frais de magasinage peuvent être considérés surtout comme une pénalité.

La question a été reprise récemment et la Chambre Syndicale fera son possible pour obtenir une atténuation de la situation actuelle.

Nota. — Aux termes de l'article 51 du Cahier des charges, les frais de magasinage sont fixés annuellement par le Ministre. Le délai d'enlèvement a souvent varié (arrêtés ministériels du 30 avril 1862 — 31 décembre 1868 — 10 octobre 1871 — 12 janvier 1872 — 31 décembre 1872 — 30 novembre 1876 — 27 mai 1878.

Responsabilité des Compagnies de Chemins de fer 1883, 1887, 1889. — Tous les tarifs spéciaux contiennent la clause suivante : « La Compagnie ne répond pas des déchets et avaries de route. »

En 1883, les négociants en fers et métaux se faisant l'interprète du Commerce Lyonnais saisirent la Chambre de Commerce d'une pétition ayant pour objet de faire préciser la responsabilité des Compagnies.

Le 20 décembre 1883, la Chambre de Commerce prenait une importante délibération dont nous extrayons le passage suivant, déjà reproduit dans notre compte rendu de 1883 :

« Le public ne s'était pas effrayé de la clause précitée, parce que, sous l'influence d'une modération réciproque des Compagnies et du Commerce, une sorte de *modus vivendi* s'était, dès longtemps, établi entre les intéressés pour le règlement des difficultés. Les conflits étaient rares; mais ces bonnes relations tendent à disparaître et les Compagnies prennent l'habitude d'opposer une fin de non recevoir pure et simple en se prévalant de la jurisprudence de la Cour de cassation. Les Tribunaux consulaires, s'appuyant sur l'article 103 du Code de Commerce, avaient jugé que la constatation d'une perte de marchandises pendant le cours du transport était suffisante pour établir qu'une faute avait été commise par la Compagnie. Mais la Cour suprême a cassé ces jugements en décidant que la responsabilité du transporteur doit être subordonnée à la constatation d'une faute que le destinataire doit prouver; que la Compagnie ne peut être rendue responsable de la perte d'une marchandise transportée sans garantie, qu'à la condition qu'il soit relevé contre elle un fait précis constitutif d'une faute ou d'une négligence à sa charge. La Cour de cassation maintient ainsi en théorie le principe de la responsabilité des Compagnies en cas de perte ou avarie, mais elle rend en fait cette responsabilité illusoire par les conditions dont elle la fait dépendre.

Ce n'est point émettre un paradoxe que d'affirmer que, dans la plupart des cas, la preuve du fait précis ne pourra être fournie, quelle que soit la diligence de la partie lésée; le plus souvent donc, le destinataire sera déchu de toute action contre la Compagnie. » La Chambre de Commerce concluait en demandant une formule nouvelle qui, tout en attribuant au transporteur certaines franchises à raison de la prolongation des délais de route sauvegarde, dans une juste mesure les droits des propriétaires de la marchandise transportée, et empêche tout relèvement de tarif par voie indirecte.

Notre Syndicat qui avait adhéré à cette protestation, a eu l'occasion de la renouveler en présentant à titre de vœu au Congrès des Chambres Syndicales de France les conclusions de la Chambre de Commerce. Il l'a renouvelé encore lorsque les Compagnies de Chemins de fer ont soumis, en 1890, à l'approbation ministérielle des propositions concernant les conditions communes aux tarifs spéciaux (Lettre du 5 juillet 1890).

Jusqu'à présent les commerçants n'ont obtenu aucune satisfaction sur ce point.

RÉCLAMATIONS A LA COMPAGNIE D'ORLÉANS (1886). — Le Syndicat réclama dans le courant de l'année 1886 contre la prétention de la Compagnie d'Orléans, qui, recevant 7.000 kilos de bois de teinture avait appliqué à 5.000 kilos la taxe de wagon complet, et aux 2.000 kilos excédents une taxe plus élevée, comme si ces 2.000 kilos avaient été expédiés isolément. La Compagnie se basant sur la lettre de ses tarifs rejeta notre réclamation.

Nous traduisîmes notre protestation au Congrès des Chambres syndicales de France par un vœu demandant qu'une taxe applicable à un wagon de 5.000 kilos, fut appliquée proportionnellement à l'excédent de ce poids.

Ainsi que nous l'écrivions à M. le Ministre des Travaux publics, il est permis de croire qu'un prix ferme ou qu'un barème attribué à un chargement par wagon complet, a surtout pour but de favoriser un minimum de tonnage, rien n'empêchant la Compagnie de compléter le chargement du deuxième wagon avec telle marchandise qu'il lui plaira.

TIMBRE DES LETTRES DE VOITURE (1887). — M. Rondeleux, député, avait déposé un projet de loi ayant pour objet de remplacer le timbre fixe de 70 centimes de la lettre de voiture par un droit proportionnel de 3 fr. 50 0/0 sur le transport.

C'était l'ancien impôt sur la petite vitesse qui reparaissait sous une autre forme, impôt désastreux pour nos commerçants et nos industriels qui pour un tonnage considérable en marchandises souvent de faible valeur, paient des transports élevés.

En demandant le rejet de ce projet de loi notre Chambre syndicale a insisté auprès du gouvernement pour obtenir l'abaissement du timbre à 35 centimes, lorsque le coût du transport n'atteint pas 2 fr. 50.

Rien n'a été modifié, le timbre de 70 centimes a été maintenu.

TRANSPORT DES MATIÈRES INFLAMMABLES (1889). — Le 16 avril 1889 plusieurs adhérents de notre Chambre réclamèrent contre la prétention de la Compagnie P.-L.-M. de refuser les expéditions de pétrole ou d'essence, lorsque le point terminus du trajet se trouvait sur des lignes qui n'étaient pas desservies par des trains réguliers exclusivement affectés au service des marchandises.

La Compagnie devant laquelle nous avons porté cette réclamation nous répondit qu'elle ne faisait qu'obéir aux prescriptions de l'arrêté ministériel du 9 janvier 1888 qui interdisait le transport des matières dangereuses ou inflammables par des trains mixtes de marchandises ou de voyageurs, et que sur certaines lignes le trafic était trop peu important pour qu'elle put créer des trains spéciaux de marchandises, mais qu'elle proposait au Ministre des Travaux publics diverses mesures destinées à obvier à cet état de choses, et spécialement un déclassement de séries des produits visés par notre réclamation.

Une pétition adressée à M. le Ministre des Travaux publics, complétée par une démarche faite par des délégués de notre Chambre auprès du même ministre fit obtenir à nos adhérents une satisfaction presque immédiate.

Par une circulaire du 24 juin 1889 le Ministre prescrivait l'application provisoire des mesures que nous avions réclamées.

Les circulaires ministérielles des 16 août 1889—27 décembre 1889 —29 décembre 1892 ont rendu ces mesures définitives.

TARIFS DES CHEMINS DE FER 1880-1890. — Depuis longtemps déjà les Pouvoirs publics avaient manifesté le désir de voir uniformiser, par les Compagnies françaises de Chemins de fer, les conditions des transports en petite vitesse par l'adoption d'une classification commune à tous les réseaux, et d'une tarification kilométrique à base décroissante également uniforme sur tous les réseaux.

Dès l'année 1880 une classification commune a été proposée et homologuée ; puis les six grandes compagnies ont successivement soumis à l'homologation des nouveaux tarifs substituant des barèmes kilométriques aux anciens prix fermes,

Sitôt que nous eûmes connaissance des propositions de la Compagnie P.-L.-M., en 1883, notre Chambre syndicale les examina en détail avec le plus grand soin et elle n'eût pas de peine à reconnaître qu'elles apportaient un trouble profond à l'état actuel des choses.

Pour la plupart de nos marchandises, les tarifs projetés apportaient sur les prix de transports des majorations variant de 10 à 100 0/0.

Une première protestation fut établie et portée à Paris par deux délégués de notre Syndicat ; mais, malgré nos démarches, les tarifs nouveaux de cette Compagnie furent homologués le 18 août 1885.

Avec l'appui de l'Union des Chambres syndicales lyonnaises nous avons alors soulevé un véritable mouvement d'opinion, et nous avons rédigé une seconde protestation destinée à mettre en relief toutes les majorations subies par nos marchandises.

Au même moment, la Chambre de commerce ouvrit une enquête et le rapport de M. Duc confirma toutes nos assertions.

Enfin, M. Thévenet, député, sollicité par l'Union et par notre Chambre syndicale voulut bien se faire l'écho de nos plaintes à la tribune de la Chambre.

La Compagnie s'en émut, et par des erratas successifs parus peu à près l'homologation, elle fit disparaître un certain nombre de majorations.

Pendant plusieurs années, nous avons continué notre campagne de réclamations, sans nous laisser décourager par les refus que nous rencontrions.

Depuis, les tarifs ont été profondément remaniés, et il serait bien difficile de reconnaître aujourd'hui dans les tarifs actuels, les propositions de 1883.

Rien n'a été changé, ni à la classification, ni à la tarification ; mais la plupart des marchandises majorées ont été reportées à des tarifs spéciaux avec des abaissements de séries suffisants pour retrouver les anciens prix. Ailleurs, des prix fermes ont été établis sur la base des anciennes conditions ; des faveurs spéciales ont été accordées aux gros tonnages, enfin, de grandes facilités ont été données aux exportateurs par le tarif P. V., 40, qui a été remanié très souvent.

Tels qu'ils sont aujourd'hui, ces tarifs sont certainement bien préférables dans leur ensemble aux tarifs anciens. On doit leur reconnaître plus de simplicité et de clarté, et, pour les commerçants de notre ville un traitement à peu près égal.

Nous devons ajouter que sur l'initiative du directeur de la Compagnie Paris-Lyon-Méditerranée, une grande simplification a été apportée au classement des tarifs communs, des tarifs d'importation ou d'exportation, qui sont maintenant classés dans les séries 100, 200 ou 300, avec les mêmes désinences ou numéros d'unité que les tarifs spéciaux intérieurs.

Pendant cette longue période, notre Chambre syndicale n'a pas cessé de se faire l'écho des plaintes de ses adhérents, et elle a le droit d'être fière du résultat obtenu.

Conditions communes aux Tarifs spéciaux (1889). — Le 21 juin 1889, la Compagnie P.-L.-M. soumettait à l'homologation une proposition ayant pour objet d'uniformiser les conditions d'application des tarifs spéciaux.

Les articles 2 et 7 ont motivé des observations de notre Chambre syndicale, ils étaient ainsi conçus :

Art. 2. — La Compagnie ne répond pas des déchets et avaries de route.

Art. 7. — ... § 3. — Pour les tarifs spéciaux applicables avec un minimum de tonnage par wagon, une expédition dont le poids est supérieur à ce minimum est taxée au prix de ce tarif, si elle peut être chargée dans un seul wagon.

§ 4. — Dans le cas où elle ne pourrait être chargée dans le même wagon, l'excédent de poids à charger dans un autre wagon, s'il est inférieur au minimum exigé par wagon, est taxé suivant les conditions des tarifs pour ce poids.

Deux fois déjà notre Chambre avait protesté, soit au sujet de la responsabilité des Compagnies pour les déchets et avaries, soit au sujet de la question de l'application des tarifs pour les tonnages excédant le poids par wagon.

Nous avons pris une nouvelle délibération qui a été transmise à M. le Ministre des travaux publics, par lettre du 5 juillet 1889.

La Chambre de commerce et l'Union des Chambres syndicales lyonnaises ont également protesté.

Tarifs d'exportation pour les Pâtes alimentaires (1886). — Notre Chambre syndicale, sollicitée par les fabricants de pâtes alimentaires, a demandé (1886) à la Compagnie P.-L.-M., un tarif réduit de 04 centimes pour les pâtes destinées à l'exportation; la Chambre de Commerce a appuyé nos demandes.

Nous n'avons pas obtenu absolument le tarif désiré par nos adhérents, mais les tarifs actuels appliqués à l'exportation pour ces produits sont bien inférieurs à ce qu'ils étaient précédemment.

Billets d'aller et retour. — Nous avons appuyé, dans le courant de l'année 1889, les démarches faites par l'Union des Chambres syndicales lyonnaises, pour obtenir une amélioration au régime des billets d'aller et retour.

Le Président de notre Syndicat fit partie de la délégation envoyée à Paris pour demander, à M. le Directeur de la Compagnie P.-L.-M. :

1° Que la validité des billets d'aller et retour, entre Lyon et Paris, fût portée de 5 à 10 jours et qu'il fût créé des billets d'aller et retour entre Lyon et Marseille, avec validité de 6 à 7 jours: Sur ce premier point, la Compagnie P.-L.-M. a fixé à 6 jours la durée des billets aller et retour, Lyon-Paris, et porté à 400 kilomètres les zones dans le rayon desquelles Lyon et Marseille pourraient délivrer des billets aller et retour, avec validité de 1 jour par 100 kilomètres:

2° Que les billets aller et retour Lyon-Paris soient admis dans les trains rapides :

Ce vœu a reçu satisfaction.

3° Que les porteurs de billets d'aller et retour Lyon-Londres fussent autorisés à s'arrêter dans certaines gares, la durée de validité des billets étant en outre portée à un mois.

Ce vœu a également reçu satisfaction.

Billets kilométriques. — Nous devrions changer l'intitulé de ce chapitre; il serait plus rationnel de dire « *des facilités à accorder aux voyageurs de commerce et des concessions à leur accorder au point de vue des tarifs.* »

C'est en effet le motif qui a inspiré le Syndicat des négociants, lorsqu'il a soulevé cette question en 1885 et c'est à cette idée que nous avons obéi en l'étudiant nous-mêmes.

Il était impossible de délimiter exactement où commençait et où finissait la personnalité du voyageur de commerce ; il s'agissait de trouver un système qui permit à un voyageur de se mouvoir dans tous les sens en obtenant une réduction de tarif proportionnelle au parcours annuel qu'il effectuait.

Divers systèmes se trouvaient en présence : les billets circulaires, les billets à itinéraire fixe, les billets à itinéraires facultatifs, les chèques kilométriques, les billets kilométriques.

Notre Chambre syndicale a rejeté toutes ces combinaisons, et elle a donné la préférence aux billets de circulation à taxe fixe et 1/2 place, tels qu'ils avaient été adoptés par la Compagnie d'Orléans, dans son tarif spécial G. V. A. 3 *bis*, mais avec une taxe initiale plus réduite.

Nous aurions voulu que la réduction sur le prix cumulé du billet et de la demi-place, commence à 3.000 kilomètres.

Dans deux rapports, M. Lyonnet, président du Syndicat a étudié la question sous toutes ses faces, et a essayé de prouver que la solution de ce problème dépendait de l'adoption de notre système, mais avec le prix initial de 200 francs pour la taxe fixe annuelle des cartes de 1re classe ; car c'est à cette condition seulement que la réduction de tarif commençait à 3.000 kilomètres.

La Chambre de Commerce de Lyon, l'Union des Chambres syndicales lyonnaises, le *Journal des Transports* et plusieurs Chambres syndicales ont admis notre manière de voir.

Après de nombreux pourparlers qui ont duré plusieurs années, nous avons eu la satisfaction de voir les Compagnies de Chemins de fer se rendre à cet avis, et créer, en tarif commun sur leurs réseaux, ce système de billets, mais avec un prix initial beaucoup trop élevé, qui ne faisait ressortir aucune réduction avant 10,000 kilomètres. C'était un succès pour le principe, mais un succès relatif.

Depuis, sur l'invitation de M. le Ministre des Travaux publics, les Compagnies ont réduit d'un tiers le prix initial de la carte de circulation.

Enfin, après le dégrèvement des impôts de grande vitesse, le prix de transport s'est encore trouvé réduit de la différence de l'impôt sur le prix initial et sur le coût du transport.

La mission de notre Chambre est-elle achevée ; nous ne le croyons pas et la question mérite d'être sérieusement examinée.

Nous constatons en effet, que les tarifs actuels de faveur ont été modifiés pour tous les voyageurs, de commerce ou autres, et nous devons, il nous semble, continuer à demander des faveurs spéciales pour les voyageurs de commerce que nous pourrions appeler les voyageurs du trafic.

OBLIGATION DE LA LETTRE D'AVIS 1889-1893. — Vers la fin de l'année 1889, plusieurs plaintes parvenaient à notre Chambre syndicale contre la prétention des Compagnies de chemins de fer de s'affranchir de l'obligation d'aviser les destinataires de l'arrivée des marchandises en gare.

Soumise à l'examen de la Chambre syndicale cette question lui parut du plus haut intérêt.

D'une part, la jurisprudence de la Cour de cassation avait varié à cet égard, et les arrêts actuels ne mettaient pas en doute la faculté laissée aux Compagnies d'aviser ou de ne pas aviser les destinataires.

Mais, en consultant le cahier des charges et les divers décrets ou arrêtés ministériels, il nous a paru qu'il ne pouvait y avoir de doute et que l'obligation d'aviser était indiscutable.

La première réclamation de notre Chambre au Ministre des Travaux publics subit un échec complet.

L'administration elle-même considérait la lettre d'avis comme facultative, et, ajoutait M. le Ministre, elle n'est même pas utile aux destinataires.

Nous renouvelâmes nos instances, et la Chambre de Commerce de Lyon, approuvant nos démarches, prit une importante délibération qui fut transmise à toutes les Chambres de Commerce de France en même temps qu'au Ministre des Travaux publics.

Plusieurs Chambres de Commerce se joignirent à la Chambre de Commerce de Lyon pour demander au Ministre d'ouvrir une enquête.

Trois ans s'écoulèrent sans que cette question fît un pas, lorsque, à la suite de plusieurs jugements qui produisirent une assez vive émotion, le Syndicat des grains et farines de Paris fit une nouvelle démarche auprès du Gouvernement (1893).

Notre Chambre en profita pour demander à M. le Ministre des Travaux publics de réaliser la promesse faite par un de ses prédécesseurs de consulter les Chambres de Commerce.

Récemment M. le Ministre a demandé cette consultation et a prescrit une enquête par les ingénieurs du contrôle.

Nous avons confiance que dans un temps rapproché nous obtiendrons une solution conforme à nos desiderata.

CANAUX A DÉRIVER DU RHONE. — AMÉLIORATION DE LA NAVIGATION DU RHONE. — Dans sa séance du 29 mars 1874, notre Chambre syndicale eut l'honneur de prendre l'initiative des réclamations contre le projet de canal de dérivation d'une partie des eaux du Rhône en aval de Lyon.

Ce projet, conçu en vue de favoriser l'agriculture des départements méridionaux et de permettre l'emploi en grand de la méthode de submersion des vignes phylloxérées, avait reçu un accueil favorable de l'administration supérieure et venait d'être mis à l'enquête dans les cinq départements de l'Isère, de la Drôme, du Gard, de Vaucluse et de l'Hérault.

Mais ce projet menaçait de compromettre la navigation du Rhône, et par suite de rendre nuls tous les efforts faits ou à faire pour constituer cette grande artère de navigation intérieure allant de la Méditerranée à la mer du Nord, que notre région n'a cessé de réclamer, et qui doit être un frein salutaire à l'exagération des tarifs des chemins de fer.

Notre Chambre Syndicale adressa donc à la Chambre de Commerce de Lyon une protestation énergique et fortement motivée demandant que la concession du projet de M. l'ingénieur Dumont fût ajournée, et qu'une enquête fût ouverte dans les départements des deux bassins du Rhône et de la Meuse, intéressés à la navigation du Rhône.

La Chambre de Commerce de Lyon prit une délibération dans ce sens dans sa séance du 26 mars 1874. Elle prit une nouvelle délibération le 9 avril, exprimant le vœu le plus pressant pour que l'amélioration du lit du Rhône soit activement poursuivie par le Gouvernement.

Bien que devant coûter 65 millions, cette amélioration était nécessaire au moment où se terminait le port de Saint-Louis, d'une part, et où le tirant de 2 mètres allait être réalisé sans interruption de Lyon à la mer du Nord ; c'était l'achèvement de la grande voie navigable poursuivie depuis tant d'années.

Le 12 août 1875, la Chambre de commerce prenait une nouvelle délibération, demandant que le programme des travaux fût étendu au canal de Bourgogne, comme au canal de l'Est, et que cet ensemble de travaux, estimé, d'après les études officielles, à 65 millions, fût exécuté en six années par un syndicat de toutes les Chambres de Commerce intéressées.

Cette initiative entraîna le Gouvernement qui se décida, en juillet 1875, à déposer trois projets de lois pour réaliser ces travaux qui sont aujourd'hui terminés.

Mais le Gouvernement n'abandonna pas pour cela le projet Dumont. Il le réduisit seulement, et, au canal primitif qui devait enlever 69 mètres cubes à la seconde à Condrieu, il substitua deux canaux prenant le premier 15 mètres à Condrieu et le second 20 mètres à Romans, dans l'Isère (Projet du 7 février 1878).

Apprenant l'élaboration de ce projet, notre Chambre Syndicale prit l'initiative, au commencement de 1877, d'un pétitionnement qui réunit de nombreuses signatures à Lyon, Givors et Villefranche.

Ce projet ne put venir en discussion devant la Chambre. Mais les promoteurs de l'entreprise réussirent à faire voter un projet même plus grave par la Chambre (29 juillet 1881). Ce dernier projet admettait trois canaux, le premier (rive gauche) prenant 12 mètres à Condrieu, le second 23 mètres à Cornas en face de Valence, le troisième prenant 12 mètres à la Cèze sur la rive droite. En outre, pour aller au-devant des protestations de la Navigation, il décidait que les seuils de prise d'eau seraient à 0^{m}50 au-dessus de l'étiage.

Le Sénat demanda des études complémentaires et le Ministre saisit la Chambre de Commerce de Lyon, qui, dans sa séance du 25 août 1877, sur le rapport de M. Duc, demanda, avant tout vote des Pouvoirs Publics, une enquête sur la situation financière des canaux d'irrigation existant déjà dans le Midi (canaux de la Bourne, de Pierrelate, de la Durance). M. Duc faisait ressortir que le réseau de navigation intérieure, dont le Rhône est une artère principale, avait coûté 400 millions ; que ce gigantesque travail, qui touchait seulement à son terme, n'avait pas encore donné la mesure des services qu'il pourrait rendre lorsque les Compagnies de navigation auraient amélioré leur matériel, et terminé leurs expériences sur le touage du Rhône, qu'il avait néanmoins permis, dans l'état actuel de la navigation, d'obtenir des abaissements de tarifs des Compagnies de Chemins de fer qui n'ont pas d'autre concurrence à redouter, que l'intérêt agricole auquel on veut toujours sacrifier cet intérêt primordial de la navigation est problématique ; que les finances de l'Etat seraient engagées pour 450 millions de francs, ce qui ferait ressortir le mètre cube d'eau dérivé à la seconde à 5 millions de francs, et que des canaux d'irrigation même moins coûteux n'avaient pas donné de bénéfices.

Le Gouvernement ne procéda pas à l'enquête demandée, et il déposa le 15 avril 1888 un nouveau projet qui reproduisait le précédent, mais en supprimant les garanties données précédemment à la Navigation.

La Chambre de Commerce prit, le 17 mai 1888, une nouvelle délibération réclamant avec énergie le retrait de ce projet, et une enquête préalable sur la situation des canaux d'irrigation du Midi. Le 30 mai, le Conseil municipal appuyait vigoureusement la protestation de la Chambre de Commerce.

Notre Syndicat renvoya l'examen de cette grave question à une Commission, dont le rapport présenté par M. Lyonnet, fut transformé en délibération par notre Chambre Syndicale le 27 juin 1888.

Ce rapport insiste sur les grands services rendus à l'industrie et au commerce de notre région par la navigation du Rhône, grâce à la concurrence qu'elle a faite à la Compagnie du chemin de fer P.-L.-M., et s'élève avec énergie contre un projet qui pourrait compromettre la navigation pendant neuf mois de l'année.

M. le Ministre du Commerce, saisi de notre protestation, répondit que M. le Ministre de l'Agriculture s'était préoccupé de sauvegarder les intérêts de la Navigation.

Les difficultés budgétaires firent depuis ajourner indéfiniment ce projet, de sorte que notre Syndicat n'eût pas à s'en préoccuper de nouveau.

DROITS SUR LA NAVIGATION. — Le droit de navigation établi par le décret du 9 février 1867, sur le transport par les canaux ou rivières, avait été aboli en 1880 en même temps que l'impôt sur la petite vitesse des chemins de fer.

Le 24 février 1888 plusieurs députés déposaient un amendement au budget pour le faire rétablir. Ils prétendaient que cette taxe devait représenter les frais d'entretien des canaux et les intérêts des capitaux employés par l'Etat à la constitution de réseau navigable.

Par deux délibérations (2 mars 1888 et 1ᵉʳ décembre 1888), la Chambre de commerce a protesté contre ce projet.

Elle fit observer que le raisonnement des auteurs de ce projet mènerait également à établir des taxes sur la circulation des routes, c'est-à-dire à revenir aux péages du moyen-âge ; que la comparaison avec les Compagnies de chemins de fer qui, elles, ont le monopole de leurs lignes, n'est pas justé ; que l'abaissement des frais de transport par voie navigable, dû à la suppression des droits de navigation, a amené un abaissement parallèle des frais de transport par chemin de fer ; que les dépenses faites par l'Etat sur les canaux et rivières sont d'un intérêt général et profitent à l'industrie et au commerce de toutes les régions.

Notre Chambre syndicale reçut communication de cette délibération trop conforme à ses vues pour qu'elle ne s'empressât pas d'écrire à M. le Ministre des Travaux publics pour s'associer aux démarches de la Chambre de commerce (Lettre du 29 novembre 1888).

Nous eûmes la satisfaction de voir la Chambre des députés (Séance du 8 décembre 1888) repousser les droits sur la navigation, après un éloquent discours de M. Félix Faure qui montra qu'en Allemagne, non seulement les voies navigables sont exemptes de droits, mais encore les Compagnies de chemins de fer font des dépenses pour l'amélioration des ports fluviaux intérieurs. Elles se sont en effet rendu compte que, si la concurrence de la navigation les force à abaisser certains tarifs, le bon marché des matières premières transportées par eau permet le développement d'industries qui apportent du trafic d'objets fabriqués aux chemins de fer.

TRANSPORT DES SUIFS D'AUSTRALIE. — La Compagnie des Messageries Maritimes, subventionnée par l'Etat, trouvant le fret de la laine plus avantageux que celui du suif, refuse la plupart du temps d'embarquer le suif d'Australie dont aurait besoin l'industrie de la stéarinerie de notre région. Elle préfère transporter les laines, même pour le compte de maisons étrangères et à destination de l'étranger.

Sur la demande de nos adhérents fabricants de bougies stéariques, une première réclamation fut adressée par notre syndicat à M. le Ministre du commerce en octobre 1887. La Compagnie avoua le fait, mais mit en avant comme argument l'importance de l'exportation des laines d'Australie, et l'inconvénient d'arrimer du suif dans le voisinage des laines (Lettre du 14 janvier 1888).

M. le Ministre du commerce, dans une lettre du 13 avril 1888, nous fit espérer que le doublement du service des Messagerie Maritimes à partir du 22 juillet 1888, et l'article 29 du nouveau cahier des charges qui imposait à cette Compagnie de donner la préférence au commerce français, permettraient à nos adhérents d'obtenir satisfaction.

Il n'en fut pas ainsi ; par lettre du 15 mars 1890, notre syndicat dut renouveler sa réclamation.

Nos adhérents faisaient observer que le suif d'Australie était d'autant plus nécessaire à la stéarinerie lyonnaise que le suif français était de plus en plus absorbé par l'industrie de l'oléo-margarine.

Malgré l'appui de la Chambre de commerce, la Compagnie des Messageries Maritimes répondit par une fin de non-recevoir.

Congrès international de navigation intérieure. — Tous les deux ans se réunit dans une des grandes villes d'Europe un Congrès international de navigation intérieure.

Notre syndicat a adhéré au 5ᵉ Congrès qui s'est tenu à Paris en 1892, afin de recevoir les documents qui devaient être publiés à la suite de ce Congrès, et qui nous ont été envoyés depuis.

Voici, parmi les résolutions votées par ce Congrès, celles qui nous intéressent particulièrement :

Sur la question des droits de navigation que notre syndicat a énergiquement repoussés, la 3ᵉ section a voté la résolution suivante :

« La grande valeur des voies navigables pour le pays, pris dans son ensemble, et le fait qu'elles alimentent les Compagnies de chemins de fer dont elles sont un complément indispensable, légitiment l'intervention de l'Etat et des Pouvoirs publics pour aider, autant que possible, à la construction et à l'entretien de voies navigables de dimensions uniformes, de manière à encourager les transports à longue distance et à prix réduits.

« La circulation sur les voies navigables ne doit, autant que possible, être soumise à aucun impôt.

« Des péages spéciaux peuvent être autorisés pour payer ou gager, à défaut de ressources publiques, toute dépense de nature à favoriser le développement des voies navigables et de la batellerie. »

En ce qui concerne les ports fluviaux, le Congrès émet le vœu :

« Qu'ils soient dotés de tous les moyens mécaniques de manutention de marchandises, en admettant naturellement des taxes pour payer l'intérêt et l'amortissement des capitaux consacrés à ces ports. »

En ce qui concerne les rapports entre les chemins de fer et les canaux, le Congrès émet l'avis :

« Qu'il appartient aux gouvernements d'user au besoin de leur autorité ou de leur légitime influence auprès des administrations et des compagnies de chemins de fer pour assurer la construction et l'exploitation des raccordements sur les ports publics sans autre augmentation de taxe que celle qui résulte du parcours kilométrique, et sur les ports privés, dans les conditions du droit commun concernant les embranchements particuliers. »

On comprendra l'utilité d'un pareil vœu, que notre Chambre syndicale avait déjà présenté au Congrès des Chambres syndicales de France, quand on remarquera qu'à Lyon, notre grand port du cours Rambaud, n'a pas de communication avec les voies ferrées qui sont cependant à proximité.

CHAPITRE VI.

Lois ouvrières.

Loi sur les accidents des ouvriers. — La législation française n'accorde d'indemnités aux ouvriers, victimes d'accidents à l'atelier, qu'en vertu du principe de droit commun des articles 1382 et suivants du Code civil, qui portent que tout homme est responsable des dommages causés à autrui par sa faute, sa négligence ou son imprudence. Il en résulte qu'en cas d'accident, il faut que l'ouvrier fasse la preuve qu'il y a faute de la part du patron, pour obtenir une indemnité.

Bien que la jurisprudence ait étendu aux dernières limites du possible les cas de faute du patron, cette législation a paru trop rigoureuse à beaucoup de bons esprits.

MM, Nadaud, Peuvelez et Félix Faure déposèrent, en 1882, à la Chambre des députés des projets de loi pour réglementer à nouveau cette matière.

Mais, prenant le contre-pied de la situation actuelle, les auteurs de ces propositions proclament la responsabilité du patron dans tous les cas, même celui de faute de l'ouvrier, fixent un tarif d'indemnité qui varie, non seulement avec la gravité de l'accident, mais encore avec la situation de famille de l'ouvrier, instituent un tribunal sans appel pour l'application de ce tarif, et créent des caisses d'assurance obligatoire gérées par l'Etat pour assurer le paiement des indemnités.

Sur l'initiative de l'Association métallurgique du Rhône, notre Chambre syndicale se réunit à plusieurs autres de la région pour élaborer une pétition à la Chambre des députés contre ce projet de loi.

Sans nier qu'il y eût quelque chose à faire, surtout pour abréger la procédure des procès d'accidents, cette pétition faisait ressortir que les projets en question constituaient une véritable prime à l'imprudence et que l'adoption du principe que l'indemnité doit être proportionnelle aux charges de famille de l'ouvrier conduirait à enlever les travaux les plus rémunérateurs de l'industrie aux ouvriers pères de famille pour les réserver aux célibataires.

Cette protestation recueillit deux cent cinquante-sept signatures et fut remise à la Chambre des députés en novembre 1883.

La question fut longuement étudiée à la Chambre qui vota un projet de loi en cinquante articles, reposant sur les mêmes principes que les projets précités, et organisant en outre un système d'assurances mutuelles, ou par l'Etat, mais sans le rendre obligatoire.

Notre Chambre syndicale a consacré plusieurs séances à l'examen de cet important projet de loi et a adopté à la date du 26 décembre 1888 un rapport qui renferme article par article les objections que nous avions à faire à ce projet.

Ce rapport admet le renversement de la preuve qui serait désormais à la charge du patron, présumé en faute, mais il repousse la responsabilité du patron en cas de faute de l'ouvrier ; il repousse également le principe de la proportionalité de l'indemnité au nombre des enfants de l'ouvrier, comme tendant à favoriser les ouvriers célibataires ; il fait ressortir les charges écrasantes pour la petite industrie qu'entraînerait l'obligation de verser dans les caisses de l'Etat le capital garantissant les rentes, mais il laisse de côté les questions d'assurances, lesquelles, de l'avis du rapporteur, doivent faire l'objet d'un projet de loi spécial.

L'Union des Chambres Syndicales lyonnaises adoptait de son coté le 25 janvier 1889 un rapport motivé qui s'inspirait des mêmes idées.

Dans sa séance du 22 mai 1890 le Sénat, mieux inspiré que la Chambre des députés, se ralliait à une partie des principes que préconisait notre Chambre syndicale.

Le Sénat exonère le patron de la responsabilité s'il prouve qu'il y a faute lourde de l'ouvrier ; il fixe le taux des indemnités sans tenir compte des charges de famille de l'ouvrier, et il renvoie à un règlement d'administration publique l'organisation des Caisses d'assurances.

Le Gouvernement déposa alors un projet de loi (28 juin 1890) qui, adoptant les principes du Sénat, organise en outre l'assurance obligatoire.

La Chambre des députés saisie du projet modifié par le Sénat a, dans sa séance du 10 juin 1893, maintenu les deux principes de la responsabilité du patron même en cas de faute lourde de l'ouvrier, et de la fixation de l'indemnité en raison des charges de famille de l'ouvrier. Le projet de loi voté par la Chambre organise également l'assurance obligatoire.

Notre Chambre syndicale ne manquera pas de suivre la discussion qui s'ouvrira au Sénat, pour faire entendre ses justes réclamations dans cette grave question.

Loi sur la durée de la journée de travail. — La durée de la journée de travail pour les adultes est limitée à un maximum de 12 heures par la loi du 9 septembre 1848. Mais un décret du 7 mai 1851 établit de nombreuses exceptions, et en particulier pour les industries de nos adhérents. Ainsi la délimitation de la durée n'est pas applicable au travail des ouvriers employés à la conduite des fourneaux, étuves, sècheries, chaudières, machines à vapeur, à la fabrication et dessiccation de la colle forte, au chauffage dans les fabriques de savon. Enfin, il peut être fait deux heures de travail supplémentaire dans les fabriques de produits chimiques.

La loi du 16 février 1883 a confié aux inspecteurs du travail des enfants dans les manufactures la mission de veiller à l'application de la loi de 1848.

Le 20 février 1890, M. le Ministre du Commerce et de l'Industrie adressa à Messieurs les Présidents des Chambres syndicales un questionnaire sur les questions se rattachant à cette matière et pouvant faire l'objet d'une nouvelle réglementation.

Par nos soins, le questionnaire fut adressé à tous nos adhérents, chefs d'industrie, et leurs réponses servirent de base à un rapport qui fut adressé par notre Chambre syndicale à M. le Ministre du Commerce (25 août 1890).

Dans ce rapport, notre Chambre indique qu'il y a des mortes-saisons dans certaines industries, telles que les pâtes alimentaires et les bougies, qui exigent par contre des heures supplémentaires dans les moments d'activité.

Il donne également des renseignements sur la durée actuelle de la journée de travail qui varie entre 9 heures et 10 heures 1/2.

Mais il proteste contre le principe d'une réglementation du travail des adultes, les conditions de ce travail variant à l'infini avec les diverses industries. Le rapport proteste enfin contre cette idée qu'une réduction des heures de travail pourrait se faire, sans entraîner une baisse dans les salaires.

Une sous-commission de la commission du travail de la Chambre des députés, est venue à Lyon le 10 avril 1891. — Plusieurs délégués de notre syndicat ont été entendus par la sous-commission et ont défendu devant elle les idées de notre Chambre syndicale.

Jusqu'ici aucune mesure législative n'est venue modifier la situation.

LOI SUR LE TRAVAIL DES FEMMES, DES FILLES MINEURES ET DES ENFANTS DANS LES ÉTABLISSEMENTS INDUSTRIELS. — Toutes les nations industrielles ont des lois pour réglementer le travail des enfants dans les manufactures. On ne peut qu'approuver le principe de ces lois qui ont pour but de protéger la santé des enfants. Mais il faut qu'elles soient rédigées avec la plus grande prudence et conciliables avec les nécessités de l'industrie. En effet, si la réglementation est contraire à ces nécessités, ou elle reste lettre-morte pour la plupart des usines, ou elle mène à priver les enfants de tout moyen de gagner leur vie. Il ne faut pas oublier que la plus importante condition de santé pour l'enfant est une bonne nourriture. Comment veut-on qu'une famille ouvrière ayant de nombreux enfants puisse les nourrir convenablement si les aînés de ces enfants n'apportent pas un supplément de salaires à la journée du père de famille ?

La question de la protection des enfants est donc une question de mesure. Toute exagération de la protection va directement contre son but ; elle assure le grand air de la rue aux enfants, mais les condamne à mourir de faim.

Ces lois ne peuvent avoir un caractère permanent. Il faut qu'elles se transforment avec l'industrie elle-même, et la concurrence internationale exige que la législation d'un pays ne soit pas trop en avance sur celle des autres pays. Une entente internationale pour arriver à une législation pareille dans tous les pays serait évidemment un grand bienfait. Mais malgré le congrès international de Berlin de 1890, les gouvernements ont jusqu'ici reculé devant cette tâche. Car il ne suffirait pas de se mettre d'accord sur un texte uniforme, ce qui serait encore possible ; il faudrait encore être assuré que la loi commune serait appliquée dans tous les pays avec la même rigueur.

En France, la loi du 22 mars 1841, a été la première réglant cette matière. Elle admettait les enfants de 8 ans à 12 ans à un travail de 8 heures, de 12 à 16 ans à un travail de 12 heures. Elle interdisait le travail de nuit jusqu'à 13 ans, et le travail du dimanche pour tous les enfants ; elle obligeait à envoyer les enfants au-dessous de 12 ans à l'école une partie de la journée. Elle admettait de nombreuses exceptions.

La loi du 19 mai 1874 fixait à 12 ans et à 10 ans pour certaines industries l'âge auquel il est permis d'employer des enfants, et réduisait à 6 heures la durée du travail des enfants de 10 à 12 ans. Elle interdisait le travail de nuit jusqu'à 16 ans.

Elle étendait la protection aux filles mineures de 16 à 21 ans, et leur interdisait le travail de nuit et celui du dimanche.

Enfin la loi du 2 novembre 1892 interdit d'employer les enfants avant l'âge de 13 ans révolus, ce qui était la seule façon pratique de faire cadrer la loi avec la loi sur l'instruction obligatoire. Elle étend la protection aux enfants de 16 à 18 ans et aux femmes de tout âge. Elle réduit la journée de travail qui était de 12 heures dans les lois précédentes à 11 heures pour les femmes et les filles au-dessus de 18 ans, à 10 heures pendant 6 jours ou à 11 heures pendant 5 jours et demi pour les ouvriers ou ouvrières de 16 à 18 ans, à 10 heures au-dessous de 16 ans.

Elle interdit le travail de nuit, le travail du dimanche, le travail des mines et de diverses industries pénibles à différentes catégories d'ouvriers protégés. Elle prévoit néanmoins de nombreuses exceptions, notamment pour les usines à feu continu.

Le principe de la protection pour les femmes adultes était fortement discutable, et exigeait encore plus de mesure dans l'application que la protection des enfants.

Les industries de nos adhérents à Lyon qui emploient des femmes et des enfants, et qui sont par suite intéressées dans la question sont :

Les fabriques de colles et gélatines qui occupent 170 femmes ou jeunes filles, et 100 jeunes gens de 13 à 18 ans ;

Les fabriques de pâtes alimentaires qui occupent 800 femmes ou jeunes filles ;

Les fabriques de bougies stéariques qui occupent 200 femmes ou jeunes filles.

Notre Syndicat appuya donc vivement auprès du Ministre du commerce, à la date du 6 novembre 1892, la pétition des fabricants de colles et gélatines demandant que leurs fabriques fussent rétablies sur la liste des usines à feu continu, obligées de faire du travail de nuit, et admises à bénéficier des exceptions prévues par l'article 7 de la loi de 1892, au sujet du repos hebdomadaire.

La Chambre de Commerce voulut bien émettre un vote favorable à notre réclamation.

L'Union des Chambres syndicales envoya une délégation à Paris pour défendre les réclamations de divers syndicats, y compris le nôtre, auprès du Ministre et des Commissions chargées d'élaborer les réglements d'administration publique. M. Viguet voulut bien se charger de la mission de défendre les intérêts des fabricants de colles et gélatines.

Malgré les promesses formellement faites, aucune satisfaction ne leur fut donnée par le décret du 15 juillet 1893.

Le décret du 13 mai 1893, qui énumère les travaux que l'on peut faire exécuter par les enfants amena une nouvelle réclamation de nos adhérents, fabricants de colles et gélatines.

Le décret du 13 mai 1875 fixait à 15 kilos la charge maximum que l'on pouvait imposer aux enfants de 14 à 16 ans.

La loi de 1892 étendant la protection aux enfants de 16 à 18 ans, le décret du 13 mai 1893 devait fixer un nouveau poids pour la charge maximum des enfants de cette catégorie.

Au lieu de cela, le décret ne fait qu'une catégorie de 14 à 18 ans, en laissant la limite de 15 kilos.

Notre Syndicat demanda, par une lettre du 31 mai 1893, au Ministre du Commerce, que pour les enfants de 16 à 18 ans le poids toléré fut de 20 kilos.

Malgré l'appui de la Chambre de Commerce, le Ministre répondit qu'on ne pouvait modifier ce décret aussi peu de temps après sa promulgation.

Mais les réclamations qui se sont élevées de tous côtés contre la rigueur de la nouvelle loi et des décrets qui l'ont suivie, ont ramené la question devant le Parlement.

Des propositions, émanées de l'initiative parlementaire demandent que la loi fixe à la durée uniforme de 11 heures la journée de travail de toutes les catégories de protégés.

Notre Syndicat a adressé, à la date du 6 mars 1894, à M. le Président de la Commission des travaux de la Chambre des députés une lettre motivée au nom de tous nos adhérents employant des femmes et des enfants et appuyant vivement ces propositions.

Nous nous proposons à la suite de reprendre nos précédentes réclamations, lorsque cette première question aura été tranchée.

PROPOSITION DE LOI SUR LES RÈGLEMENTS D'ATELIERS. — Jusqu'ici le patron organise comme il l'entend le travail dans ses ateliers. Dans les petits ateliers il n'y aucun règlement écrit. L'action directe et permanente du patron ou du contre-maître tient lieu de tout règlement.

Mais à mesure que les usines deviennent plus grandes, il s'établit forcément des usages qui aboutissent en général à la rédaction par le patron d'un règlement écrit.

Le législateur doit-il intervenir dans cette rédaction et imposer des règles au patron ? Telle est la question fort délicate que la Chambre des Députés a tranchée par l'affirmative en votant, dans sa séance du 5 novembre 1892, un projet de loi qui rend les règlements d'ateliers seulement facultatifs, mais les assujettit aux règles suivantes : il prohibe les retenues de salaires à titre d'amendes ; il soumet les règlements à l'homologation du Conseil des Prud'hommes ou du

Juge de paix ; il fixe un minimum d'une semaine au délai dit de prévenance qui doit avoir lieu en cas de rupture du contrat de louage ; il ordonne le paiement des ouvriers par quinzaine.

Notre Chambre Syndicale nomma une Commission de six membres pour examiner ce projet. Cette Commission adopta un rapport préparé par M. Malet, qui fut imprimé et adressé aux Pouvoirs publics et à M. le Président de la Commission sénatoriale.

Ce rapport trouve le projet de loi inutile, la liberté des contrats ayant jusqu'ici réglé cette question dans la limite de l'article 1780 du Code civil, complété par la loi du 27 décembre 1890, qui prévoit des dommages-intérêts en cas de renvoi intempestif. Pour le cas où le Sénat ne repousserait pas le projet, le rapport de M. Malet demande énergiquement le maintien du système des amendes, dont la suppression ne peut qu'amener des renvois plus fréquents des ouvriers. Il admet seulement que la loi impose au patron l'obligation de verser ces amendes à une œuvre de prévoyance en faveur des ouvriers. Cette restriction, d'un usage très général, préviendra en effet tout abus. Le rapport demande que les règlements soient déposés et non soumis à l'homologation ; que le minimum du délai de prévenance soit fixé à trois jours au lieu d'une semaine, mais que le patron ait toujours le droit de renvoyer sur l'heure un ouvrier, en lui payant les journées qu'il aurait encore le droit de passer à l'atelier, et qu'à chaque paie, il ait le droit de retenir un arriéré représentant le salaire du délai de prévenance.

L'Union des Chambres syndicales lyonnaises et la Chambre de Commerce prirent des délibérations aboutissant à peu près aux mêmes conclusions.

Depuis, le projet de loi a été porté au Sénat ; le 20 juillet 1893, M. Maxime Lecomte a déposé un rapport, suivi d'un projet modifié, lequel, s'il était voté, ferait droit à la plupart de nos réclamations.

Loi sur les retraites ouvrières. — Tout le monde désirerait voir l'existence des ouvriers dans leur vieillesse assurée autrement que par l'assistance publique ou privée.

Il faudrait pour cela arriver à constituer aux ouvriers des pensions viagères à partir de l'âge où ils ne peuvent plus travailler. Le problème est très difficile à résoudre à cause des charges écrasantes que la généralisation du système des pensions pourrait amener pour les caisses chargées de ce service.

Les grandes Compagnies de chemins de fer, beaucoup de sociétés minières ou industrielles ont établi des caisses de retraites pour leurs ouvriers.

La loi du 18 juin 1850, modifiée par celle du 20 juillet 1886 a fondé la Caisse nationale des retraites pour la vieillesse. Cette institution, qui commence à être mieux connue, assure le service des pensions avec toute la sécurité des institutions d'Etat. Beaucoup des sociétés privées qui ont organisé des caisses de retraites assurent le service des pensions par la Caisse de l'Etat. Le décret du 26 mars 1872 sur les Sociétés de secours mutuels a prévu des encouragements pécuniaires à celles de ces Sociétés qui constitueraient des retraites à ses membres, en en faisant faire le service par la Caisse nationale des retraites.

Mais beaucoup de Sociétés de secours mutuels ont peine à équilibrer leur budget. Cette méthode n'a donc pas pu assurer une grande extension aux retraites ouvrières.

La déconfiture d'une grande Société industrielle de notre région, qui a entraîné la ruine de la Caisse de retraites qu'elle avait fondée pour ses ouvriers, a montré la nécessité que la loi intervienne pour assurer la sécurité des épargnes faites par les ouvriers en vue de leurs pensions de retraites.

Mais, en dehors de cette question, le désir d'étendre le bienfait des retraites à la majorité des ouvriers a amené deux courants d'idées : l'un consiste à encourager par des subventions de l'Etat les ouvriers à se constituer des retraites ; l'autre consiste à rendre l'assurance obligatoire en imposant des versements à la Caisse de l'Etat aux ouvriers, aux patrons et y joignant des subventions de l'Etat.

C'est dans le premier ordre d'idées que s'est placé M. Constans en déposant son projet de loi à la séance du 6 juin 1891 de la Chambre des députés.

Notre Chambre syndicale confia l'examen de ce projet de loi à M. Coignet.

Dans son rapport, M. Coignet critique l'exagération des avantages faits aux ouvriers dans le but de les décider à souscrire à la Caisse des retraites qui reste facultative. Il montre qu'une telle loi ne pourrait fonctionner qu'à la condition qu'un petit nombre d'ouvriers répondraient à l'appel ; si tous y répondaient, le budget n'y suffirait pas.

M. Coignet préférerait l'assurance obligatoire, sauf refus formel de l'ouvrier, à condition qu'on réduisit à 0 fr. 05 par jour la retenue obligatoire sur le salaire de l'ouvrier, qu'on n'établisse l'obligation que pour les ouvriers ayant une durée de services d'un an ou deux dans la même usine, et qu'on applique ce système progressivement en commençant par la grande industrie. Il admet que le patron soit tenu de faire un versement égal. L'Etat donnerait des subventions suivant une somme inscrite annuellement au budget, et sans obligation contractée dès maintenant pour l'Etat. Un tel système permettrait de constituer des pensions de 150 à 200 francs à l'ouvrier à partir de cinquante-cinq ans. Une telle pension lui permettrait de vivre à condition d'y joindre un travail compatible avec son âge.

Notre Chambre syndicale estimant que le projet était loin d'être arrivé à maturité décida d'ajourner l'examen de cette question, si importante pour l'industrie, au moment où paraîtrait le rapport de la Commission parlementaire.

Loi sur les Sociétés coopératives. — Les Sociétés coopératives sont actuellement régies par les lois générales sur les Sociétés civiles ou commerciales. Le titre III de la loi du 24 juillet 1867 sur les Sociétés à capital variable est particulièrement applicable à ces Sociétés. Mais aucune loi ne définit et ne réglemente ces Sociétés, dont beaucoup n'ont qu'une existence de fait.

Le 7 juin 1889, la Chambre des députés vota un projet de loi qui fut adopté avec modifications par le Sénat le 21 juin 1892, et retourné par conséquent à un nouvel examen de la Chambre des députés.

Ce projet de loi consacrait le principe de l'exemption pour les Sociétés coopératives d'une série de taxes et en particulier de la patente pour les Sociétés coopératives de consommation.

De toutes parts les commerçants élevèrent des protestations contre l'esprit de ce projet de loi. Saisie d'une protestation adressée aux Pouvoirs Publics par les délégués de divers Syndicats de Marseille, notre Chambre Syndicale renvoya l'examen de cette question à son secrétaire, M. Jean Coignet, et adopta, dans sa séance du 6 mars 1893 le rapport qu'il lui présenta.

Dans ce rapport, M. Coignet, au nom du principe supérieur de l'égalité de tous les citoyens devant l'impôt, demande que les Sociétés coopératives soient assujetties aux mêmes impôts que les commerçants ordinaires et notamment à la patente ; que, comme conséquence, on permette aux commerçants de former des Sociétés coopératives. Mais M. Coignet réclame, par contre, qu'on supprime les restrictions nombreuses imposées par le projet de loi aux Sociétés coopératives, restrictions destinées, dans l'esprit du législateur, à former la contrepartie des faveurs accordées à ces Sociétés, et à restreindre, dans l'intérêt du budget, le nombre de ceux qui seront exemptés de l'impôt.

La Chambre des députés vota de nouveau ce projet de loi, sur le rapport de M. Doumer, le 27 avril 1893, en maintenant les principales dispositions votées par le Sénat, mais en ajoutant quelques restrictions nouvelles destinées à calmer les protestations du commerce, notamment en créant un délit nouveau pour tout membre d'une Société coopérative qui revendrait des marchandises qu'il tiendrait de cette Société.

Notre Président adressa, le 10 mai 1893, plusieurs lettres à M. le Ministre du Commerce et à MM. les Sénateurs du Rhône, pour renouveler nos protestations.

Ce projet de loi fut renvoyé devant le Sénat, qui nomma rapporteur M. Lourties ; l'Union des Chambres Syndicales Lyonnaises ayant communiqué ce rapport à notre Chambre Syndicale, celle-ci le renvoya à l'examen de M. Coignet et approuva à l'unanimité, dans sa séance du 6 novembre 1893, le rapport présenté par ce dernier.

Dans ce rapport, M. Coignet, développant les idées émises dans son précédent rapport, montra que le projet de loi se débat dans la contradiction suivante : créer des privilèges fiscaux en faveur des Sociétés coopératives, qui sont censés devoir profiter uniquement aux ouvriers et aux petits agriculteurs, et, d'autre part, exclure soigneusement des avantages de la loi les commerçants qui doivent continuer à payer l'impôt de la patente, et en même temps mettre des entraves au développement des Sociétés coopératives pour que leur concurrence n'arrive pas à éteindre la matière contributive, en ruinant tous les commerçants. Il montre que tous les arguments donnés, pour considérer les Sociétés coopératives de consommation comme des Sociétés civiles, n'ont plus de valeur depuis la loi du 1er août 1893 sur les Sociétés qui, par son article 68, a posé le principe que : « toutes les Sociétés qui ont la forme commerciale sont commerciales quel que soit leur objet ; » que ces arguments, du reste, n'avaient qu'un but : c'était d'exempter ces Sociétés de la patente. Il montre, enfin, que l'exemption de l'impôt de 4 0/0 sur le revenu des Sociétés par actions, exemption limitée toutefois aux bonis des Sociétés coopératives de consommation, n'est pas non plus justifiée ; car ces bonis ne sont qu'une forme particulière du bénéfice distribué,

M. Coignet montre ensuite que les restrictions apportées par le projet de loi à la liberté des Sociétés coopératives, ne feront que gêner le développement des Sociétés ouvrières, de celles que le législateur a entendu favoriser, et que ces Sociétés devraient être les premières à repousser les dangereux cadeaux que veut leur faire le Parlement au prix de leur liberté.

Notre Chambre envoya ce rapport à l'Union des Chambres Syndicales qui l'approuva complètement, en décida l'impression et en envoya un exemplaire à chaque sénateur.

La Chambre de Commerce, saisie également de ce rapport, a approuvé, dans sa séance du 7 décembre 1893, un rapport de M. Isaac sur la question, qui adopte les mêmes idées de liberté défendues par notre Chambre syndicale.

Le Sénat a adopté néanmoins le projet de loi, dans sa séance du 11 décembre 1893, en se maintenant au même point de vue, et aggravant encore les restrictions apportées à la liberté de ces Sociétés.

Le projet est de nouveau pendant devant la Chambre des députés. Mais, même s'il est adopté définitivement, nos efforts n'auront pas été inutiles. Car, si le législateur n'est pas entré dans les vues libérales qui étaient les nôtres, il a tellement diminué la liberté des Sociétés coopératives, que, malgré les exemptions d'impôts dont elles jouiront, leur développement sera forcément restreint. Il eût été beaucoup plus avantageux pour elles d'être placées sous le régime du droit commun avec la liberté la plus complète.

CHAPITRE VII

Législation commerciale.

PROJET DE LOI SUR LES MARQUES DE FABRIQUE, ETC. — Dans le courant de l'année 1881, M. Bozérian sénateur déposait un projet de loi ayant pour objet de réprimer les fraudes qui consistaient à faire passer pour français des produits fabriqués à l'étranger.

La Commission chargée d'examiner la proposition de loi de M. Bozérian la modifia complétement et déposa un projet de loi général sur les marques de fabrique et de commerce.

Le 28 mars 1888, M. le Ministre du Commerce invitait notre Syndicat à donner son avis sur ce projet.

Une commission fut nommée et M. Morel, syndic, présenta un rapport qui fut adopté par notre Chambre syndicale et qui servit de base à une lettre qui fût adressée comme réponse à M. le Ministre du Commerce.

Nous approuvions l'idée de M. Bozérian, qui voulait surtout sauvegarder les intérêts de l'industrie française contre une concurrence déloyale ; mais nous repoussions certaines mesures qui nous paraissaient impraticables lorsque le législateur voulait par exemple obliger tous les industriels français à effectuer à Paris seulement le dépôt des marques de fabrique et de commerce.

Nous protestions contre l'élévation de 1 fr. à 10 fr. du prix du dépôt ; nous demandions des explications sur la juridiction appelée à connaître des contestations pour contrefaçons, enfin nous repoussions l'art. 36 du titre IX, qui obligeait à un nouveau dépôt, les marques déposées antérieurement à la loi.

Ce projet de loi est toujours à l'étude devant les Chambres ; seule, la disposition qui vise l'indication de la fausse provenance a été insérée dans la loi des douanes du 11 janvier 1892.

ARTICLES 105 ET 108 DU CODE DE COMMERCE. — Notre Chambre syndicale, comme nous l'avons dit plus haut, s'est toujours préoccupée de la responsabilité des transporteurs ; elle ne pouvait rester indifférente aux modifications proposées par le Gouvernement aux articles 105 et 108 du Code de Commerce (Projet de loi du 16 novembre 1885).

L'article 105 éteignait toute action contre le voiturier par la réception et le payement du prix de transport des objets transportés.

L'article 108 disposait que toutes actions contre le commissionnaire et le voiturier à raison de la perte ou de l'avarie étaient prescrites après 6 mois pour les expéditions à l'intérieur, et 1 an pour celles faites à l'étranger, sans préjudice des cas de fraude ou d'infidélité, avec prescription trentenaire pour les autres actions dépendant du contrat de transport.

Le Gouvernement ajoutait à l'article 105 un § qui laissait au destinataire un délai pour faire des réserves. Ce délai fixé d'abord à 2 jours a été porté à 3 jours.

L'article 108 était complètement modifié et prescrivait dans le délai d'un an toutes les actions quel qu'elles soient à engager contre le transporteur.

Notre Chambre approuvait l'article 105 modifié, mais demandait à l'article 108, que les actions pour avaries, pertes ou retard, soient prescrites dans le délai d'un an, sauf les cas de fraude ou d'infidélité, et que les autres actions résultant du contrat de transports soient prescrites dans le délai de cinq ans.

Le projet du Gouvernement, modifié par la Chambre et par le Sénat, a été définitivement adopté et promulgué le 11 avril 1888.

Le résultat obtenu nous a donné complète satisfaction, car nos desiderata relatifs à l'article 108 avaient été approuvés par les Chambres.

ARTICLE 110 DU CODE DE COMMERCE. — Par une circulaire du 23 février 1888, M. le Ministre du Commerce appelait l'attention des Chambres de Commerce sur l'intérêt qu'il y aurait à supprimer de l'article 110 du Code de Commerce la disposition qui exige pour la validité de la lettre de change qu'elle soit tirée d'une place sur une autre place.

Cette circulaire contenait le passage suivant : « La lettre de change constitue surtout un moyen de faciliter la mobilisation des créances ; c'est un instrument de crédit grâce auquel le commerçant peut recevoir immédiatement la valeur des marchandises qu'il a dû vendre à terme. On ne voit pas dès lors pourquoi cette faculté serait accordée au négociant qui vend sa marchandise dans un lieu autre que celui de sa résidence et refusée à celui qui vend là où il réside ».

Cette manière de voir était tellement conforme aux idées de notre Chambre syndicale, que notre lettre à M. le Ministre du Commerce (30 mai 1888) disait simplement : « nous approuvons complètement les motifs donnés en faveur de cette suppression et nous verrions avec plaisir le Gouvernement déposer un projet de loi dans ce sens ».

Le projet a été déposé par le Gouvernement le 17 juillet 1888, renvoyé d'une Chambre à l'autre pour des modifications de détail, et finalement voté avec modifications par la Chambre des Députés, le 20 juillet 1893 ; il attend encore le vote du Sénat.

PROJET DE LOI SUR LES PROTÊTS. — Le 3 février 1887, M. Demoiville, député, rapporteur d'une commission qui avait examiné tous les projets, soit provenant de l'initiative parlementaire, soit déposés par le gouvernement, ayant pour objet de modifier la législation des protêts, déposait son rapport.

En 1888, ce projet figurait en bonne place à l'ordre du jour de la Chambre des députés ; nous pensâmes que le moment était propice pour l'étudier.

L'article 1er indique l'importance et la portée du projet de loi : « Les articles 160 — 161 — 162 — 165 — 166 § 2 — 167 — 173 — 174 — 176 du Code de commerce sont abrogés et remplacés par les dispositions suivantes : »

C'est sur ces modifications qu'une commission de notre Chambre syndicale donna son avis : M. Rousset, syndic rapporteur concluait ainsi :

1° Que les articles 160 et 166 assimilent la Tunisie et l'Algérie pour les délais de présentation et de poursuite en payement ;

2° Que, contrairement au projet, l'article 161 soit maintenu, l'inobservation des dispositions proposées ne paraissant pas pouvoir recevoir de sanction ;

3° Que l'obligation de faire le protêt le lendemain de l'échéance soit maintenue ;

4° Qu'en modifiant l'article 165 on stipule expressément que la dénonciation du protêt et l'assignation pourront être faites par un seul et même acte ;

5° Que les honoraires de présentation de l'huissier soient uniformes et fixés par la loi, mais que le quantum en soit abaissé à 1 fr. 50 ;

6° Que le droit gradué d'enregistrement ne puisse excéder 2 fr. ; à défaut, que le *statu quo* soit maintenu ;

7° Que la déclaration facultative ne puisse en aucun cas remplacer la formalité substantielle du protêt ;

8° Que le règlement d'administration publique à intervenir réduise les frais du protêt, et que les effets de 50 fr et au-dessous ne supportent que la moitié des taxes qui seront édictées ;

9° Que lorsque le tireur ou le bénéficiaire demanderont expressément sur le titre qu'avis de protêt leur soit donné, l'huissier ou le notaire chargé de faire le protêt, soit dans l'obligation d'aviser ces derniers par lettre recommandée, moyennant un prix et dans un delai déterminé, que le protêt a été dressé pour partie, tout ou du montant de l'effet.

Cette délibération fut adressée à M. le Ministre de la Justice.

Lorsque le projet de loi est venu en discussion devant la Chambre des députés, cette assemblée s'est trouvée en présence d'amendements qui modifiaient complètement la législation actuelle.

La Chambre renvoya le projet de loi et les amendements à la commission, et nous n'en avons plus entendu parler depuis.

Modification a la loi sur les faillites. — Le 20 octobre 1888 la Chambre des députés adoptait un projet de loi portant modification à la loi sur les faillites et instituant la liquidation judiciaire.

Il n'est pas besoin d'indiquer quel intérêt notre syndicat devait prendre à cette question. En relation journalière avec le petit commerce, nos adhérents ont trop souvent à étudier de très près le fonctionnement de la loi sur les faillites.

Une commission fut nommée et le 30 novembre 1888 nous adressions à M. le Ministre de la justice et à M. le Président de la Commission sénatoriale nos observations au sujet du projet voté par la Chambre ; nous demandions :

Art. IV ; Le recours en cassation contre le jugement qui ouvre la liquidation judiciaire.

Art. VI et VII ; que le débiteur fut complètement dessaisi de l'administration de ses biens et remplacé par la liquidation.

Art. X ; que les contrôleurs ne fussent jamais responsables, même en cas de faute lourde.

Art. XII et suivants ; une augmentation des délais pour les opérations de la liquidation.

Art. XX ; une modification du dernier § de l'art. XX relatif à la réhabilitation, en facilitant la réhabilitation par la prescription des intérêts au bout de 5 ans, par application du § 3 de l'article 2277 du Code civil.

La loi promulguée le 6 mars 1889 n'a pas tenu compte de nos observations ; mais, sur notre demande, M. Millaud, sénateur, a bien voulu déposer sur le bureau du Sénat un projet de loi spécial à la réhabilitation, dont l'article 1er est ainsi conçu : Ajouter à l'article 604 du Code de commerce « La justification des intérêts ne sera pas exigible au-delà de cinq ans. »

Ce dernier projet de loi n'est pas encore venu en discussion, malgré les pressantes réclamations de notre Chambre syndicale.

Quant à la loi sur la liquidation judiciaire, elle était à peine appliquée qu'elle soulevait les plus vives récriminations.

De nombreuses Chambres syndicales, au nombre desquelles l'Union des Chambres syndicales lyonnaises, ont demandé la refonte complète de cette loi.

Une Commission de notre Chambre syndicale se réunit ; au nom de cette Commission, M. Buisson, notre collègue, demanda :

1° D'affirmer dans l'article 1er le droit du Tribunal d'accorder ou de refuser le bénéfice de l'assistance judiciaire ;

2° D'accompagner la requête de l'état détaillé des engagements restés en souffrance et de la liste exacte des créanciers (noms, domicile, sommes dues) :

3° De prononcer l'état de cessation de paiement dès le jour de la requête (par une ordonnance sans frais) jusqu'à la réunion des créanciers appelés à donner leur avis d'une manière officieuse sur la demande du débiteur avant que le Tribunal ne rende un jugement définitif ;

4° De réserver aux créanciers le droit d'appel du jugement qui prononce la liquidation judiciaire ;

5° De supprimer la gratuité des fonctions de contrôleurs lorsqu'il s'agit de dépenses faites à raison de ces fonctions.

Plusieurs Chambres syndicales de France nous ont fait l'honneur de nous demander des exemplaires de ce rapport.

Bien que depuis cette époque de nouvelles réclamations se soient produites, rien n'a été modifié à cette loi.

Loi sur les Prud'hommes commerciaux. — Un projet de loi provenant de l'initiative parlementaire avait été proposé par la Chambre des Députés, tendant à la création de Prud'hommes commerciaux.

Notre Chambre syndicale a applaudi à la décision du Sénat qui a repoussé ce projet de loi qui ne correspondait à aucun besoin.

CHAPITRE VIII.

Questions Monétaires.

Pièces de monnaies divisionnaires démonétisées. — Il n'est pas un négociant en denrées coloniales, droguerie et épicerie qui n'ait à se plaindre des difficultés journalières que lui cause la circulation des pièces démonétisées.

Saisie de plusieurs réclamations, notre Chambre syndicale adressait, le 28 avril 1892, une pétition à M. le Ministre des Finances, pour le prier d'accorder un délai pendant lequel les pièces divisionnaires françaises démonétisées seraient reprises par les caisses publiques.

Le moment nous semblait d'autant plus propice que le projet de loi relatif au renouvellement du privilège de la Banque de France, affectait une somme spéciale à la réfection de la circulation monétaire.

L'Union des Chambres syndicales voulut bien nous prêter son appui.

La réponse de M. le Ministre des Finances a repoussé complètement notre demande en donnant pour motif que la loi du 14 juillet 1866, qui a prescrit la démonétisation de ces pièces a laissé au commerce un délai suffisant pour en opérer l'échange.

Abondance de la monnaie de billon. — Si des plaintes ont été à juste titre formulées contre la circulation des monnaies divisionnaires démonétisées, elles devaient se produire plus souvent et plus vives au sujet de l'abondance de la monnaie de billon, nous pourrions dire de l'encombrement plutôt que de l'abondance.

Depuis vingt ans, à des intervalles plus ou moins rapprochés, notre Chambre syndicale proteste auprès des Pouvoirs publics et demande un remède à cet état de choses.

Chaque fois, nos demandes reçoivent théoriquement le plus bienveillant accueil ; chaque fois, M. le Ministre des Finances nous annonce que des ordres très sévères sont donnés dans les douanes pour empêcher l'importation du billon étranger, et on défend aux caisses publiques d'accepter cette monnaie.

Le remède est pire que le mal. Le temps s'écoule et une nouvelle invasion se produit.

Monnaie de Nickel. — Plusieurs fois, des projets avaient été déposés par des députés pour remplacer l'encombrante monnaie de billon par une monnaie en nickel.

Le Conseil central des Chambres syndicales Lyonnaises avait consulté à ce sujet les Chambres adhérentes à l'Union.

Notre Chambre a demandé le retrait de la monnaie de cuivre et la création de pièces en nickel de 0 fr. 05, 0.10 et 0.20 centimes, en insistant pour que la nouvelle monnaie fut ronde et percée.

Les préférences du Ministre des Finances se manifestaient par des pièces en nickel à huit pans.

La législature a pris fin sans qu'une décision soit intervenue.

Un nouveau projet de loi a été déposé, lorsqu'il viendra en discussion, nous ferons nos efforts pour faire prévaloir notre manière de voir.

CHAPITRE IX.

Questions locales

Tribunal de Commerce (élections). — Depuis sa fondation notre Chambre syndicale a participé chaque année à la formation de la liste des juges consulaires.

Chacun de nos comptes rendus annuels, a mentionné le nom des hommes de bonne volonté qui ont bien voulu assumer cette lourde tâche.

Il est essentiel que nous ayons toujours au moins un représentant sinon plusieurs connaissant à fond les questions qui nous concernent, questions souvent ardues et qui exigent une connaissance professionnelle.

Élections a la Chambre de Commerce. — Les industries et commerces qui dépendent du Syndicat ont toujours eu à la Chambre de Commerce une représentation équitable et en rapport avec l'importance des affaires de nos adhérents.

Par la lecture du compte rendu des travaux du Syndicat depuis 20 ans, il a été facile de se rendre compte combien souvent nous avons eu à demander l'appui et le concours de la Chambre de Commerce pour la défense de nos intérêts menacés.

Nous avions bien souvent, depuis quelques années, demandé que le nombre des membres de la Chambre de Commerce fût augmenté et porté de 18 à 21 ; cette satisfaction a été accordée à notre ville en 1893, ce qui a permis à la minoterie et à l'industrie des cuirs et peaux d'avoir une représentation à la Chambre de Commerce et au commerce des vins et liqueurs d'avoir un nouveau représentant.

Gaz de Lyon. — Cette question étudiée par l'Union des Chambres syndicales lyonnaises, a nécessairement attiré notre attention.

Nous avons toujours partagé l'avis du Conseil central qui demandait une réduction du prix du gaz, mais sans engager irrévocablement l'avenir.

Hôtel des Postes et Télégraphes a Lyon. — Dans le courant de l'année 1892, la création d'un hôtel central pour les postes, télégraphes et téléphones paraissait résolue en principe.

L'administration y était favorable ; la Chambre de Commerce de Lyon votait même à cet effet une somme de 150.000 fr.; enfin l'Union des Chambres Syndicales lyonnaises appuyait les desiderata de la Chambre de Commerce par une délibération qui fut transmise à M. le Maire de Lyon.

Notre Chambre syndicale devait nécessairement s'intéresser au mouvement d'opinion qui se produisait; nous adressâmes une lettre à M. le Maire de Lyon, pour lui faire connaître la satisfaction que nous éprouverions de voir construire un hôtel central des Postes et Télégraphes.

Les chiffres communiqués par M. le Directeur des postes étaient probants et montraient l'accroissement de la circulation des lettres, circulaires et dépêches de 1882 à 1889, et l'importance du bureau central actuel dont les opérations représentaient plus de la moitié de celles des autres bureaux de quartier. Malheureusement des difficultés sont survenues, le bureau des télégraphes a été transporté dans le pavillon sud de l'Hotel-Dieu, et l'idée même de la construction d'un hôtel central pour le service des postes, télégraphes et téléphones, paraît abandonnée.

Adjudications militaires de café (1892). — Les adjudications de café pour l'armée qui avaient lieu à Lyon, cessèrent brusquement et sans motif au commencement de l'année 1891. — Les négociants en denrées coloniales nous adressèrent une réclamation qui fut transmise par nos soins à M. le Ministre de la Guerre.

Nous fûmes avisés peu après que ces adjudications seraient reprises à bref délai; elles recommencèrent en effet au commencement de 1893,

CHAPITRE X

Expositions

Expositions Universelles de Paris, 1878-1889. — La Chambre syndicale, sollicitée par le Comité départemental de l'exposition de 1878, organisa plusieurs réunions pour stimuler le zèle des sociétaires ; quatorze d'entr'eux exposèrent individuellement et les fabricants de bougies s'entendirent pour faire une exposition collective.

En 1888, cédant aux mêmes sollicitations, nous avons réuni les différents groupes industriels du Syndicat ; mais il ne nous fut pas possible de former les éléments d'une exposition collective, le nombre des exposants individuels fut cependant plus considérable qu'en 1878.

Exposition Universelle de Lyon en 1894. — Depuis longtemps l'idée d'une exposition universelle de Lyon s'était fait jour et la Municipalité y paraissait favorable. Un premier essai avait été tenté pour organiser cette exposition en 1892, mais il n'avait pas réussi, lorsque M. Claret présenta au Conseil municipal une demande de concession.

La notoriété du concessionnaire facilita ses démarches ; agréé par le Conseil municipal, il plaça son entreprise sous le patronage de la Ville de Lyon qui demanda le concours de la Chambre de commerce de Lyon.

La Chambre de commerce manifesta sa sympathie au projet en votant une somme de 250,000 francs qui a été attribuée à subventionner les expositions collectives lyonnaises.

Notre Chambre syndicale dont un certain nombre de membres font partie des groupes d'organisation convoqua tous les adhérents du Syndicat.

Les fabricants de produits chimiques, drogueries et stéarineries, au nombre de trente-quatre, donnèrent leur adhésion à une exposition collective placée sous le patronage du Syndicat. Nous adressâmes à la Chambre de commerce une demande de subvention, et la Chambre de commerce voulut bien allouer à notre collectivité une somme de 12,000 francs.

Grâce à cette subvention nous avons pu organiser une exposition digne du patronage de notre syndicat.

Voici les noms des participants de l'exposition collective des produits chimiques.

Produits chimiques et drogueries.

MM. BLANCHON et ALLEGRET, rue Sainte-Pauline, 28.
Indigo et ses dérivés, carmins, sulfates, indigo blanc, indigo raffiné, indigotines, orseille et ses dérivés, orcine, etc.

BOUVIER (Veuve), rue de Gerland, 22.
Acide tartrique.

BRANTE et Cie, rue de la Poulaillerie, 7.
Produits pour teinture, arts, agriculture et spécialité d'acide picrique et crésilique.

BONNAMOUR et GUILLERMIN, quai Saint-Vincent, 8.
Articles à polir, produits minéraux.

BEGNARD et LACOMBE, rue de la Poulaillerie, 15.
Vernis, couleurs, siccatifs, brosserie, pinceaux et articles pour peintres et doreurs, vernis de couleurs pour pailles, cuirs et métaux.

Réné BUISSON, rue Victor-Hugo, 41.
Sulfates de baryte, sels de baryum et de baryte.

BIÉTRIX aîné et Cie, rue Lanterne, 29.
Produits chimiques et pharmaceutiques.

CADOT frères, quai de la Guillotière, 9.
Vernis gras pour voiture, bâtiment et industrie, vernis et siccatifs divers, matières premières pour vernis, huiles, essences et sels siccatifs, gommes et gommes-résines.

COIGNET et Cie, rue Rabelais, 3.
Colles fortes, colles-gélatines, gélatines, phosphores, engrais chimiques à base d'os, matières premières et produits intermédiaires.

CONDAT aîné, chemin de Gerland, 73.
Graisses et huiles industrielles, savons divers.

COUPIER-RANDU, à Saint-Fons.
Produits pour teinture, verdets, acide acétique, benzoles, benzine et dérivés du goudron, sels de potasse, iode, iodoforme, dérivés du traitement des varechs.

DOIX, MULATON et WOLF, rue Neuve-des-Charpennes, 64.
Acide citrique, acide tartrique.

O. ENJOLRAS et Cie, route de Vienne, 303.
Glycérines chimiquement pures, cristallisables, officinales et industrielles, blanches, blondes et brunes ; glycérines à dynamite.

FAUQUET et Cie, rue de la Pyramide, 84.
Extraits, eau de Javel, soude Phénix, sel de soude et autres articles de blanchiment.

GLÉNARD frères, rue Quatre-Chapeaux, 7.
Vernis gras aux copals, vernis à l'essence et vernis à l'alcool, couleurs diverses.

GILLIARD, P. MONNET et CARTIER, quai de Retz, 8.
Matières colorantes artificielles, produits chimiques, pharmaceutiques. extraits tanniques.

L. GEOFFRAY, rue Saint-Nizier, 4.
Vernis divers, siccatifs liquides, couleurs en poudre, vernis pour sabotiers.

E. GUIMET, place de la Miséricorde, 1.
Outremers bleus, verts, violets et roses en poudre, indigo.

MM. Givaudan et Trouillat, quai Fulchiron, 35.
Produits chimiques et pharmaceutiques, parfums.

Jacquand père et fils, A. Coignet et Cie, successeurs, quai de la Pêcherie, 3.
Gélatines fines, colles-gélatines, colles fortes, phosphore blanc, phosphore amorphe, engrais divers.

Société Jalabert et Cie, rue de Marseille, 31.
Acide sulfurique au soufre, titres divers, acide chlorydrique blanc et ordinaire, acide nitrique, titres divers, sulfate de soude et sulfate de cuivre, bisulfite de soude, de potasse, de chaux et d'ammoniaque, acide sulfureux, spécialité d'acides au soufre et dérivés.

P. Lacollonge, quai des Brotteaux, 28.
Caoutchouc souple, caoutchouc durci (spécialités brevetées), citernes transportables ou fixes, paniers d'essoreuses, pompes, pulsomètres monte-jus, tuyautage, robinets, etc. Emaillage ou revêtement de toutes pièces mécaniques travaillant dans un milieu corrosif.

S. Laprévote, rue de Béarn, 4.
Colles fortes, gélatines, colles-gélatines, colle de Flandre, colles à clarifier les vins et la bière, os dégélatinés, phosphate précipité, suif d'os.

L. Picard et Cie, à Saint-Fons.
Produits chimiques et matières colorantes, végétales et artificielles pour teintures impressions et colorations diverses.

P. Piot et Cie, rue de la Poulaillerie, 13.
Vernis, siccatifs et couleurs broyées.

Pernel frères, quai des Brotteaux, 31.
Produits chimiques et industriels.

Sevoz et Boasson, rue du Bourbonnais, 20.
Produits chimiques et matières colorantes.

Société des Mines et Usines de Borax, rue Mulet, 20.
Minerai de boracite, borax en cristaux ou en poudre, acide borique en cristaux et en poudre, acide borique pailleté.

Société anonyme des Produits chimiques, à Fontaines-s-Saône.
Produits chimiques, pharmaceutiques et scientifiques.

Société des Sulfures de carbone du Centre, rue Pré-Gaudry, 10-12.
Sulfure de carbone, sulfate de cuivre et de fer, acide sulfurique, engrais chimiques composés, matières premières pour engrais.

E. Voisin, avenue de Saxe, 256.
Tartres bruts et raffinés.

Stéarineries.

Chatanay et Cie, place Carnot, 15.
Bougies, glycérine, acide stéarique, savons blancs, savons marbrés, savon d'oléine industriel, savon mou potassique.

David et Cie, rue du Bourbonnais, 1.
Bougies, stéarine, oléine, glycérine, cierges.

Radisson et Cie, rue du Tunnel, 36.
Bougies pleines et trouées, cierges et souches en stéarine de tous calibres, acide stéarique en plaque, oléine blonde, glycérine blonde et blanche, stéarine en tourteaux, acide gras de matière neuve (suif pressé) acide gras de résidus.

NOTICE

Sur l'histoire de la fabrication des produits chimiques à Lyon
PAR M. J. COIGNET

Secrétaire du Syndicat Commercial et Industriel

La chimie étudie les actions qui se passent quand on met en contact les différents corps que nous trouvons dans la nature et qu'on fait agir en même temps les divers agents physiques, chaleur, lumière, électricité.

C'est en 1772 que l'illustre Lavoisier commença la série de ses mémoires à l'Académie des sciences où il établit la véritable théorie de la combustion et donna à la chimie ses fondements scientifiques. La balance en mains, il établit que dans les phénomènes chimiques le poids de la matière est permanent ; que les corps se transforment, mais qu'aucune parcelle ne se perd, ni ne se crée.

Désormais les chimistes, possesseurs de la vraie méthode scientifique, multiplient les découvertes en France et à l'étranger. Parmi les chimistes illustres qui fondèrent ainsi la science à la fin du siècle dernier, notre région peut revendiquer Berthollet, né à Talloires (Haute-Savoie).

La science chimique apprit rapidement à faire l'analyse des corps, c'est-à-dire à les décomposer en leurs éléments simples, puis à en faire la synthèse, c'est-à-dire à recombiner ensemble les éléments isolés

---

Nota. — Nous remercions ici les personnes qui ont bien voulu nous donner des renseignements et notices : MM. Michel Perret, Mayoussier, Victor Cambon, Chatanay, Léo Vignon, Picard, Monnet et Brante.

par l'analyse. Ainsi apparurent dans les laboratoires des savants une foule de corps nouveaux, soit des éléments qui n'existent jamais isolés dans la nature, soit des corps constitués par synthèse par des combinaisons nouvelles non essayées par la nature.

Les substances extraites des végétaux et des animaux sont presque exclusivement formées de trois ou quatre éléments (carbone, hydrogène, oxygène et azote), parmi lesquels se trouve toujours le carbone. L'étude de ces composés si nombreux constitua bientôt une branche spéciale de la chimie, la chimie organique qu'on a appelée aussi la chimie du carbone.

Pendant longtemps on crut que ces composés ne pouvaient être formés que par la force vitale et qu'ils n'étaient accessibles qu'à l'analyse du chimiste. Mais après les travaux mémorables de Laurent et Gerhardt sur la constitution des matières organiques, M. Berthelot démontra définitivement la possibilité de la synthèse organique à partir des éléments purement minéraux. Désormais, un vaste horizon était ouvert aux chimistes ; ils avaient l'espoir non seulement de reconstituer de toutes pièces et avec plus d'économie les corps élaborés par la nature vivante, mais encore de créer des corps entièrement nouveaux aussi bien dans la chimie organique que dans la chimie minérale. De là l'énorme développement de la chimie organique auquel nous assistons depuis une trentaine d'années.

L'industrie chimique applique en grand dans ses usines les réactions trouvées par le savant dans son laboratoire. Elle cherche parmi les corps nouveaux découverts par le chimiste ceux qui peuvent être utiles aux arts humains et s'efforce alors de les produire au meilleur marché possible.

L'industrie chimique a existé longtemps avant la science chimique. Son origine a précédé l'histoire. C'est ainsi que la métallurgie ou l'art d'extraire les métaux de leurs minerais, la verrerie, la tannerie, les arts de la teinture et des émaux, la pharmacie ont existé chez les peuples les plus anciennement connus. Toutes ces industries mettaient en œuvre des réactions chimiques. Leurs recettes ont formé le premier bagage des alchimistes, ces prédécesseurs des chimistes.

Si les alchimistes, ignorant les vrais principes qui régissent les phénomènes chimiques, ont épuisé leurs forces à la recherche de problèmes chimériques comme la découverte de la pierre philosophale, ou se sont égarés dans les hypothèses les plus fantastiques pour expliquer les phénomènes qu'ils constataient, ils n'en ont pas moins préparé le terrain à la science moderne en faisant réagir les corps les uns sur les autres dans des conditions variées, en isolant des corps naturels une foule de *drogues* qui devaient être les premiers matériaux des chimistes.

Mais, si la science chimique n'a pas créé l'industrie chimique, elle devait lui donner une impulsion gigantesque. Tous les arts chimiques préexistants se transformèrent les uns après les autres ; guidés par la théorie, ils purent se rendre compte de ce qu'ils faisaient, perfectionner leurs méthodes pour obtenir des produits plus purs et plus rapidement ; beaucoup purent employer des méthodes entièrement nouvelles leur permettant d'emprunter les produits qu'ils fabriquaient à des sources nouvelles. De là un abaissement général et progressif des prix de tous les produits chimiques anciennement connus. En outre la découverte des corps nouveaux, obtenus par analyse ou par synthèse, susceptibles d'être utilisés soit directement, soit dans les arts, fit naître des industries chimiques entièrement nouvelles comme nous en voyons encore naître tous les jours sous nos yeux et nul ne peut prévoir les développements futurs de ce mouvement toujours grandissant.

Le développement de l'industrie chimique réagit à son tour sur les progrès de la science. En effet, bien souvent, la réaction découverte dans le laboratoire, n'est qu'une première approximation de la réalité. En opérant sur de grandes masses, l'industrie met en évidence certaines réactions accessoires qui étaient restées inaperçues dans l'opération en petit, et qui complètent et redressent la théorie. Aussi, dans tous les centres d'industrie chimique, s'élève-t-il des établissements d'enseignement et de recherches chimiques et c'est de la coopération de plus en plus intime de ces deux éléments que l'on doit attendre les plus grands progrès dans l'avenir.

Nous nous proposons dans cette esquisse, de retracer la part si importante que Lyon et la région qui l'entoure ont prise dans ce grand développement des industries chimiques. Nous laisserons de côté la métallurgie du fer qui, aux portes de Lyon, dans le bassin de la Loire, a réussi, grâce justement aux progrès de la chimie, à produire des aciers d'une qualité sans rivale, recherchés même par la marine anglaise. Nous ne parlerons pas non plus des verreries si nombreuses dans la Loire et à Lyon, ni des tanneries si anciennes à Lyon. Ce sont là des industries qu'on classe en général à part et qui n'ont dans tous les cas aucun lien avec notre syndicat.

Nous allons passer en revue les industries chimiques proprement dites, qui sont représentées à Lyon, en suivant l'ordre ci-après :

1° La grande industrie chimique, qui prépare les gros produits, matières premières en général pour d'autres industries.

2° L'industrie des produits chimiques de moindre importance.

3° L'industrie des corps gras.

4° L'industrie des produits chimiques destinés au blanchiment et à la teinture, matières colorantes, naturelles et artificielles.

1° Grande industrie chimique.

ACIDE SULFURIQUE. — L'acide sulfurique est le plus important des produits chimiques ; il est employé dans la plupart des industries chimiques ; aussi a-t-on pu dire avec raison que la consommation d'acide sulfurique mesure, avec celle du fer, l'activité industrielle d'une nation.

Connu dès le xe siècle par les alchimistes, il est d'abord préparé sous le nom d'huile de vitriol par la distillation du sulfate de fer (vitriol). Au xviie siècle Sala le prépare par la combustion du soufre dans des vases humides ; puis Lemery perfectionne le procédé en mélangeant du salpêtre au soufre. Ward établit d'après ce procédé à Richmond près de Londres, une fabrique qui livra l'acide à 6 fr. 20 le kilog. En 1746, Rœbuck et Gaebett remplacèrent les ballons de verre par des chambres de plomb, ce qui fit tomber le prix à 0 fr. 50 le kilo, et fit de l'acide sulfurique un produit industriel.

La première usine de France, où l'on employa les chambres de plomb fut établie à Rouen en 1766, et c'est dans cette usine que l'ingénieur de La Palice injecta le premier de la vapeur d'eau dans les chambres pendant la combustion du soufre (1774). En 1806, Clément et Désormes purent, en introduisant aussi de l'air dans les chambres, réduire considérablement la consommation du nitre, et enfin on arrive en 1811 à la combustion continue. En 1817 Lonchamp substitue le nitrate de soude au salpêtre. En 1835 Gay-Lussac arrive à recueillir les vapeurs nitreuses par l'acide sulfurique concentré, et en 1861 Glover établit sa tour pour concentrer l'acide. Tels sont les divers perfectionnements qui ont constitué l'industrie de l'acide sulfurique au soufre.

Cette industrie, à Lyon, est exercée par la société Jalabert et Cie, dont l'usine a été fondée en 1803 et que tout le monde connaît à Lyon sous le nom de *la vitriolerie*.

En 1803, un sieur Oblette acquit au territoire de Béchevelin, commune de la Guillotière (derrière l'école de médecine actuelle), des bâtiments et terrains pour y établir une fabrique d'acide sulfurique. A cette époque, dans un rayon de près d'un kilomètre, il n'existait pas une seule maison ; l'usine était entourée de broussailles et de marécages périodiquement submergés par le Rhône.

Quelques années après Oblette céda son industrie à Bouvier, son gendre.

En 1814, l'armée autrichienne campa dans ces terrains et livra l'usine au pillage ; Bouvier, qui avait cependant pris la précaution d'enlever de son usine les plombs, chaudrons et appareils divers ne put se relever de ce désastre et tomba en faillite.

Le syndic de cette faillite, un sieur Colin, se rendit acquéreur de de l'usine et la remit en activité.

En 1827, Colin, en butte à l'hostilité des propriétaires voisins, fut assigné devant le conseil de préfecture, qui se déclarait incompétent. Les poursuites cessèrent pour être reprises dix années plus tard.

A cette époque, Colin avait dû liquider à son tour, et son usine avait été achetée par MM. Estienne et Jalabert, ses créanciers pour une somme de 170,000 francs.

Après d'interminables débats au Conseil de préfecture, un rapport du conseil de salubrité, une requête au ministre et un appel au Conseil d'Etat, une ordonnance fut rendue par laquelle Estienne et Jalabert étaient autorisés à continuer leur fabrication, sous condition de certaines améliorations qui consistaient, dans la création : d'une sixième chambre de plomb pour recevoir les gaz sulfureux, d'épurateurs à la chaux pour les absorber, de fours où ils se dissociaient avant d'être enlevés par une cheminée haute de 40 mètres.

Toutes les plaintes cessèrent jusqu'au jour où fut tracé le chemin de fer de Lyon à Marseille, dont l'embarcadère devait se trouver sur le terrain de Béchevelin (1847).

A cette époque, l'usine possédait déjà depuis plusieurs années (depuis

7

1841), un alambic en platine pour la concentration de l'acide sulfurique, installation qui avait succédé aux batteries de cornues de verre. On fabriquait en outre, de l'acide muriatique, du sulfate de soude, de l'acide nitrique, plus tard on y ajouta la production du chlorure de chaux.

L'acide muriatique était obtenu dans de grandes cornues en verre, chauffées au bain de sable. Quelques années plus tard, on construisit des fours à cuvette de fonte garnies de plomb, avec four latéral à reverbère, pour la calcination. Les fours à moufle actuellement employés ne furent établis qu'après 1870.

En 1849, l'autorité supérieure, sous prétexte que l'usine avait interrompu la fabrication en 1814 et 1815, et rompu la prescription qui s'attache aux établissements antérieurs à 1810, ordonna sa fermeture. L'établissement resta vingt mois sans pouvoir travailler; mais en 1851, l'ordonnance fut rapportée et le bénéfice de la loi de 1810 définitivement acquis à cette fabrique.

Depuis cette époque, les successeurs de MM. Estienne et Jalabert, la société Jalabert et Cie, purent continuer l'exercice de leur industrie qui comprend la fabrication des acides sulfuriques au soufre, sulfate de soude, acide chlorhydrique, sulfites et bisulfites de soude et de chaux, acide sulfureux, sulfate de cuivre, etc.

En 1869, en faisant à six mètres de profondeur des fouilles pour la cheminée monumentale actuelle, les ouvriers mirent au jour une grande quantité de pierres tumulaires, de la période gallo-romaine, couvertes d'inscription. On put reconstituer totalement un monument funèbre avec ses inscriptions et son sarcophage, représentant le triomphe de Bacchus. La société Jalabert fit hommage de ces inscriptions et de ces sculptures au musée de Lyon où elles figurent au musée des antiques. Les bâtiments de l'usine s'élèvent sur le passage de la voie romaine qui conduisait de Lyon à Vienne et qui était bordée de tombeaux.

Vers 1877, existait encore derrière l'usine une ruelle large de trois mètres, tortueuse et incommode, bordée de misérables masures, et qui dans l'argot de la Guillotière, était ornée des surnoms les plus naturalistes. Le tracé capricieux de cette sorte de sentier indiquait bien qu'il serpentait autrefois, sur le bord d'une lône du Rhône : c'était là le chemin de Béchevelin. Au moment où furent décidés l'élargissement et la rectification de cette ruelle, la société Jalabert et Cie, propriétaire des deux côtés sur une longueur de plus de 125 mètres, offrit à la ville, tout le terrain nécessaire à cet élargissement ; c'est grâce à ce don, qu'un des plus mauvais recoins de la Guillotière a pu être assaini. Les derniers vestiges de la vieille ruelle de Béchevelin, entre la rue de la Vitriolerie et la rue du Rhône, ont disparu en 1893.

Tout le soufre employé à la fabrication de l'acide sulfurique provenait de la Sicile, qui en expédia en Europe en 1852, jusqu'à 30 millions de kilos. Mais la consommation croissante du soufre devait en élever le prix qui atteignit 35 fr. les 100 kilos en 1838. L'industrie de l'acide sulfurique, et toute l'industrie chimique par voie de conséquence, eut été arrêtée dans son essor, si on n'eût trouvé le moyen d'emprunter le soufre aux pyrites, ou sulfures naturels, dont existent de nombreux gisements.

Clément et Désormes l'avaient essayé en mélangeant du charbon aux pyrites, mais avaient échoué. C'est à M. Michel Perret, de Lyon, que revient l'honneur de cette révolution industrielle ; la priorité lui en a été formellement reconnue par les jurys des Expositions de 1855 et 1867. Son père, M. Claude-Marius Perret possédait une fabrique d'acide sulfurique à Perrache. Les mines de pyrites de Sain-Bel et de Chessy, qui avaient été exploitées comme mines de cuivre depuis une époque reculée, venaient d'être abandonnées (1830) et le spectacle des monceaux de pyrites abandonnées comme rebut sur le carreau des mines amena M. Michel Perret à entreprendre des essais de combustion dans l'usine de son père. Réfléchissant à l'expérience de Clément et Désormes, il attribua justement son échec à la présence des gaz étrangers à l'acide sulfureux. Il exécuta un four au moyen de grandes briques appelées pierres à étendre dans les verreries, où elles servent à étaler les manchons de verres à vitre. Ces briques de 1 mètre carré sur 0 m. 10 d'épaisseur facilitèrent la construction d'une moufle industrielle chauffée extérieurement par la flamme d'un foyer qui l'enveloppait entièrement. La pyrite était introduite en morceaux. L'expérience réussit parfaitement et des moufles pareilles furent appliquées à l'usine entière de Perrache (de 1833 à 1837). Ce succès fut consacré par la prise d'un brevet (2 février 1836).

L'inconvénient des moufles était de brûler beaucoup de charbon. M. Jules Olivier, devenu plus tard gendre de M. Claude Perret, essaya de brûler les pyrites dans un four construit comme un four à chaux ; mais dans ces conditions les chambres de plomb ne fonctionnaient plus.

M. Michel Perret, reprenant la question, trouva que c'était l'excès d'air qui amenait ce résultat et rendit ce four pratique en réglant d'une manière précise l'entrée de l'air.

En 1863 M. Michel Perret inventa les fours à étages qui permirent de brûler les pyrites menues. C'est ce même principe que M. Michel Perret appliqua plus tard à ses calorifères, bien connus dans notre région, et qui permettent de brûler les poussiers les plus inférieurs.

Enfin, dans ces dernières années on est arrivé à utiliser les cendres de pyrites de fer dans la métallurgie du fer, après en avoir extrait le cuivre et l'argent par voie humide comme à l'usine de Rio-Tinto près de Marseille, quand les pyrites en renferment suffisamment..

Ces découvertes amenèrent la maison Perret à acheter les mines de Sain-Bel et de Chessy en 1839, et à monter des usines à Chessy, à Saint-Fons en 1853, à Saint-Christ (Isère), à l'Oseraie et au Pontet (Vaucluse), à Marennes (Charente-Inférieure). Plus tard l'usine de Saint-Fons fut seule conservée dans notre ville. Les mines de Sain-Bel et Chessy fournirent rapidement des pyrites à la plupart des usines françaises. Seules, quelques usines, comme l'usine Jalabert, à Lyon, conservèrent la combustion du soufre pour avoir des produits purs. Les mines de Sain-Bel et Chessy, dont la pyrite renferme 50 à 53 0/0 de soufre ont fourni 2,000 tonnes en 1837 ; elles ont fourni 70,000 tonnes en 1866, et 240,000 tonnes en 1893. Le prix de l'acide sulfurique à 52° Baumé tomba à 8 fr. les 0/0 en 1855 ; depuis cette époque le seul perfectionnement important à signaler est l'appareil Faure et Kessler, avec concentration dans un courant d'air chaud de l'acide à 66°, procédé qui supprime les alambics de platine si dispendieux. On a bien cherché à remplacer les vastes chambres de plomb par des appareils plus petits, colonnes avec chicanes, mais jusqu'ici les tentatives paraissent avoir échoué.

En 1872, la maison Perret a fusionné avec la Société de Saint-Gobain, qui avait fondé, dès 1827, son usine de Chauny.

L'usine de Saint-Fons de cette Société alimente toute notre région d'acide sulfurique. Elle a produit 18,700 tonnes en 1893. Cette usine occupe environ 500 ouvriers, y compris ceux occupés à la fabrication de la soude et des produits chlorés.

SOUDE. — Le sel de soude ou carbonate de soude est employé en grandes quantités par la savonnerie, la verrerie fine, la teinture et une foule d'industries chimiques. Il existe à l'état naturel, dans la vallée du Nil notamment, et l'antiquité l'a connu sous le nom de natron, et l'employait déjà pour faire du savon et du verre. On le tirait également des cendres des plantes marines, et on l'appelait alors barille. On le confondait souvent avec le carbonate de potasse, tiré des cendres des plantes terrestres.

Duhamel, en 1736, montra la différence des deux bases, et démontra la présence de la soude dans le sel marin ou chlorure de sodium, corps connu et employé de toute antiquité.

C'est Nicolas Leblanc qui, en 1787, imagina le procédé industriel qui porte son nom et qui permet de retirer le carbonate de soude du sel marin. Ce procédé consiste à traiter le sel marin par l'acide sulfurique, ce qui donne du sulfate de soude et comme sous-produit de l'acide chlorhydrique ; puis à traiter le sulfate de soude par un mélange de calcaire et de charbon, ce qui donne le carbonate de soude et comme sous-produit des sulfures de calcium (charrées de soude), longtemps inutilisées.

Les premières soudières se sont donc établies en général à côté des usines d'acide sulfurique. Payen établit la première à Javel, à Paris ; puis vint celle de Dieuze, de Rouen, de Chauny, en 1827. A Lyon, les deux usines d'acide sulfurique ont établi de bonne heure cette fabrication. Toutefois, nous voyons, qu'en 1819, les savonniers de Marseille font venir la soude artificielle de Paris, ce qui montre qu'à Lyon les soudières étaient encore dans l'enfance. L'usine de Salindres, dirigée par M. Péchiney, est une affaire toute lyonnaise par ses capitaux.

Les principaux perfectionnements du procédé ont été l'amélioration des fours où se produit le sulfate de soude, et la régénération du soufre des charrées ou marcs de soude.

L'usine de Saint-Fons a monté le procédé de régénération de M. Chance en 1889. Ce procédé consiste à traiter les sulfures de calcium du marc de soude par une action méthodique de l'acide carbonique gazeux produit par un four à chaux. On forme du carbonate de chaux et de l'acide sulfhydrique gazeux qu'on brûle en présence d'oxyde de fer de façon à produire de la vapeur d'eau et du soufre. Ce soufre, parfaitement pur, est consommé à Lyon surtout pour la préparation des dissolutions d'acide sulfureux employées dans les fabriques de colles et pour le blanchiment.

Le procédé Leblanc a l'inconvénient de donner comme sous-produit une quantité d'acide chlorhydrique fatalement correspondante à celle de la soude produite, et pendant longtemps certaines soudières, notamment à Marseille, rejetaient leur acide chlorhydrique sans l'utiliser.

En 1855, MM. Schlœsing et Rolland indiquèrent le principe du procédé de la soude à l'ammoniaque. Ce procédé consiste à traiter une solution de sel marin et d'ammoniaque par un courant d'acide carbonique. Il se forme du bicarbonate de soude qu'on transforme en carbonate neutre par la calcination. On régénère ensuite l'ammoniaque en traitant par la chaux le chlorhydrate d'ammoniaque formé. Le chlorure de calcium qui résulte de cette dernière réaction, est rejeté sans emploi, malgré de nombreuses tentatives faites pour en retirer le chlore.

C'est M. Solvay qui rendit le procédé pratique dans une usine près de Bruxelles, en 1863. Depuis, M. Solvay a monté une immense usine à Varangéville-Dombasle, dans l'est de la France. M. Boulouvard, à Marseille, a monté une usine réalisant d'une façon différente le même procédé.

La soude à l'ammoniaque ayant un prix de revient inférieur tend à remplacer le procédé Leblanc ; en 1888, en France, elle représentait déjà 59 0/0 de la soude totale produite.

A Lyon, la Compagnie de Saint-Gobain fit monter aux environs de 1882, sous la direction du regretté M. Boutmy, directeur de son usine de Saint-Fons, un atelier de fabrication de la soude à l'ammoniaque. Mais le développement à Lyon de la fabrication des gélatines d'os en absorbant facilement le trop-plein de l'acide chlorhydrique, joint à la régénération du soufre, décidèrent la Compagnie de Saint-Gobain à maintenir le procédé Leblanc à Saint-Fons.

ACIDE CHLORHYDRIQUE. — Connu dès le xve siècle, sa fabrication par l'action de l'acide sulfurique sur le sel marin fut indiquée au xviie siècle par Glauber qui donna son nom au sulfate de soude (sel de Glauber). Le procédé Leblanc en faisant de cet acide un sous-produit le mit à très bas prix à la disposition de l'industrie. Lyon fait une énorme consommation de cet acide : la préparation du chlorure de chaux en absorbe une grande partie ; les fabriques de gélatine d'os en consomment 6.000 à 7.000 tonnes par an ; la préparation du bichlorure d'étain pour la teinture en prend aussi une quantité importante. Aussi le prix a-t-il monté depuis quelques années et se préoccupe-t-on, en prévision de la disparition du procédé Leblanc devant la soude à l'ammoniaque, soit d'économiser la consommation de cet acide par des procédés de régénération, soit de le produire directement sans passer par la soude. A ce dernier point de vue on a proposé de remplacer le sel marin par le chlorure de potassium de Stassfurth, le sulfate de potasse devant s'écouler dans l'agriculture. Le procédé a été monté à l'usine de Saint-Gobain du Pontet. Mais l'écoulement des sulfates de potasse n'est pas suffisant.

La solution viendra peut être de la transformation de l'industrie du chlore qu'on n'extrairait plus de l'acide chlorhydrique.

Chlore. — Le principal emploi de l'acide chlorhydrique est la fabrication du chlore et du chlorure de chaux qui se préparent dans les usines mêmes de soude. Scheele, en 1774, obtient le chlore en traitant le bioxyde de manganèse par l'acide chlorhydrique, procédé qui fut longtemps seul connu. Weldon en 1868 trouva le moyen de régénérer le manganèse du chlorure de manganèse perdu dans le procédé de Scheele ; outre le manganèse, Weldon récoltait en outre le tiers du chlore, le reste étant perdu à l'état de chlorure de calcium. Le procédé Weldon a longtemps fonctionné à l'usine de Saint-Fons. En 1878 Weldon, pour éviter la perte du chlorure de calcium, imagina de remplacer la chaux par la magnésie, en formant un oxychlorure de magnésium qui se décompose par la chaleur en régénérant la magnésie. Ce procédé, très-difficile à réaliser pratiquement, a été installé avec succès par M. Péchiney à Salindres ; M. Péchiney retire 80 0/0 de chlore du chlorure de manganèse. Ce procédé est en outre très intéressant parce qu'il permettrait d'extraire le chlore des chlorures de magnésium obtenus à Stassfurth dans les eaux-mères du chlorure de potassium.

Pendant que M. Péchiney installait ce procédé à Salindres, la Compagnie de Saint-Gobain installait à Saint-Fons le procédé Deacon, imaginé en Angleterre, en 1870. Ce procédé tire directement le chlore de l'acide chlorhydrique en faisant passer sur des briques imprégnées de chlorure de cuivre un mélange d'acide chlorhydrique gazeux et d'air. Il se passe une série presque indéfinie de décompositions et recompositions du chlorure cuivreux qui aboutissent à la production continue du chlore. Il y a là une application du principe de l'équilibre chimique fort intéressante.

Le chlore est surtout employé à la préparation du chlorure de chaux par l'action du chlore gazeux sur la chaux en poudre. Ce produit est employé en grande masse pour la désinfection et le blanchiment. Il est aussi employé à la préparation du chlorate de potasse, dont de grandes quantités servent à la fabrication des allumettes suédoises. On l'a longtemps préparé en faisant agir le chlore gazeux sur un lait de chaux, le chlorate de chaux étant décomposé par le chlorure de potassium ; là encore le chlorure de calcium était perdu. Mais M. Péchiney, ayant remplacé le lait de chaux par un lait de magnésie, obtient d'abord un plus grand rendement de chlorate de potasse et a comme résidu du chlorure de magnésium qui lui sert dans son procédé d'extraction du chlore. Aussi la Compagnie Saint-Gobain a-t-elle à peu près abandonné ce produit.

Le procédé Péchiney est à son tour menacé par la préparation électrolytique du chlorate de potasse, dans laquelle le courant électrique oxyde directement le chlorure de potassium. Ce procédé vient d'être monté près de Grenoble. Si, comme tout le fait supposer, les applications de l'électricité à la chimie vont en se multipliant, nous pouvons prévoir que la région lyonnaise, avec ses forces motrices de l'Isère et du Rhône à proximité, prendra une place importante dans cette nouvelle évolution de l'industrie chimique. Après l'aluminium extrait à Froges de l'alumine, voici le chlorate de potasse qui fait son apparition. Demain ce sera peut-être le tour de la soude.

Acide nitrique. — L'acide nitrique était connu de Gerber, alchimiste arabe du viiie siècle, qui l'obtenait en distillant un mélange de vitriol, de salpêtre et d'alun. Glauber, au xviie siècle le prépara avec l'acide sulfurique et le nitre. Aujourd'hui on le prépare par l'action de l'acide sulfurique sur le nitrate de soude du Chili. Cette fabrication est faite à Lyon par les deux usines de Saint-Gobain et Jalabert et par la maison Chevallier, à Villeurbanne. L'acide nitrique est très employé à Lyon pour la fabrication des matières colorantes.

Borax et Acide borique. — Le borax ou borate de soude est employé dans la cristallerie, dans la fabrication des émaux (fontes et tôles émaillées), dans la blanchisserie (c'est lui qui donne le brillant au linge repassé). L'acide borique est employé pour assurer la combustion des mèches de bougies, et dans la pharmacie pour une foule de préparations antiseptiques.

Le borax existe dans les eaux de certains lacs de Chine et de l'Inde.

Pendant longtemps on l'a importé d'Extrême-Orient sous le nom de tinkal. Au commencement du siècle, on découvrit en Toscane que les eaux des suffiani renferment de l'acide borique ; il suffit de les évaporer pour le faire cristalliser. Dès lors on abandonna le tinkal et on prépara le borax au moyen de la soude artificielle et de l'acide borique. Payen et Buran, en 1839, le préparèrent en grond à Paris. En 1855, la production d'acide borique atteint 1.200.000 kilos par an.

Peu après, Desmazures, pendant la guerre de Crimée, découvrit en Asie-Mineure une boracite qui renferme 52 à 54 0/0 d'acide borique, tandis que celle du Chili n'en renferme que 48 0/0. Desmazures fonda à Maisons-Lafflte une usine pour extraire l'acide borique de ce minerai par dissolution dans l'acide chlorhydrique et précipitation par la chaux. Cette usine fut absorbée par la Compagnie Anglaise du borax qui s'était rendue acquéreur d'une partie des mines d'Asie-Mineure.

En 1891, MM. Vial et Pradel qui avaient monté dans leur usine de la Mouche la fabrication de l'acide borique et du borax avec les minerais du Chili, purent se rendre acquéreurs d'une mine en Asie-Mineure voisine de la mine anglaise.

Ils fondèrent la Société Lyonnaise des Mines de Borax, capital : 6.000.000 de fr., qui a organisé cette industrie dans notre ville sur un très grand pied.

Cette société possède, outre sa mine et l'usine de Lyon, une autre usine à Vienne (Autriche).

Distillation des matières animales : Ammoniaque, Noir animal. — Les anciens connaissaient le sel ammoniac (chlorhydrate d'ammoniaque) que l'on préparait en Égypte, en distillant la fiente des chameaux. En 1774, Priestley isola l'ammoniaque en traitant le sel ammoniac par la chaux. On se servait également de l'ammoniaque développée dans la putréfaction de l'urine pour dissoudre la matière colorante de l'orseille et dans la mégisserie où on l'emploie encore aujourd'hui telle que. L'ammoniaque se produit dans la distillation des matières organiques, et on la recueille comme produit secondaire dans la fabrication du gaz d'éclairage, dans celle du noir animal et dans celle des vidanges.

La Compagnie du gaz de Lyon dans ses usines de Perrache et de la Guillotière recueille l'ammoniaque soit à l'état de dissolution dans l'eau, soit à l'état de sulfate d'ammoniaque cristallisé. La fabrication du gaz d'éclairage est en réalité une industrie chimique ; mais elle forme un groupe à part que nous laisserons de côté dans cette étude.

Le noir animal est obtenu en calcinant, à l'abri de l'air, les os d'animaux, préalablement dégraissés dans l'eau bouillante. Les os sont formés d'une partie minérale (phosphate de chaux et carbonate de chaux) et d'une partie organique. En distillant, il se dégage un gaz combustible, des goudrons liquides appelés huiles de Dippel, et de l'ammoniaque ; il se dépose sur la partie minérale du carbone. L'os carbonisé, conservant sa structure poreuse, s'emploie sous le nom de noir animal à la décoloration des jus sucrés, et réduit en poudre, à la fabrication des cirages, encres d'imprimerie. En 1819, Payen et Pluvinet établirent à Grenelle une usine qui produisait 200.000 kilos par mois de noir animal, et recueillait en même temps des sels ammoniacaux.

Mais bientôt on préféra le système des pots à noir, où on utilise pour la carbonisation des os la chaleur produite par la combustion du gaz distillé. On empile dans un vaste four des marmites cylindriques pleines d'os ; la dernière est recouverte d'un couvercle. On lute avec de la terre tous les joints entre les marmites ; on amène dans le four la flamme d'un foyer régulièrement répartie. Bientôt les os distillent et le gaz, s'échappant à travers les fissures du lut, vient s'enflammer dans l'intervalle des piles de marmites. On peut alors laisser éteindre le foyer et l'opération s'achève d'elle-même. Dans cette méthode, l'ammoniaque est perdue, mais le noir obtenu est plus beau et plus régulier.

C'est ce procédé que la maison Jacquand père et fils, qui avait fondé à Givors, en 1825, une usine de cirage, a introduit dans notre région.

La maison Coignet père et fils (aujourd'hui Coignet et Cie) qui avait fondé une usine de colle forte, extraite des os par le procédé de la marmite de Papin, eut la première l'idée de faire avec le procédé précédent du noir animal, non plus avec des os neufs ou verts, mais avec les os dégélatinés. Ces os ne sont en effet que partiellement dégélatinés et dosent encore 1,5 à 2 d'azote. Le noir obtenu renfermait un peu moins de carbone, mais son prix de revient était bien inférieur, puisque ce n'était plus qu'un sous-produit. Ce procédé se généralisa. A Lyon, la maison Jacquand monta à son tour la fabrication de la colle forte pour préparer son noir animal pour cirage par cette méthode.

Mais, par la suite, les perfectionnements dans l'extraction de la colle forte qui augmentèrent peu à peu le rendement de ce produit, firent baisser par là même la teneur en gélatine des os dégélatinés, et, par suite, la teneur en carbone du noir animal; en outre, ce noir devenait friable. Les raffineries de sucre se mirent alors à fabriquer elles-mêmes leur noir avec des os neufs pour l'avoir de meilleure qualité. Le perfectionnement de la fabrication des grandes cornues en terre réfractaire, amené par l'industrie du gaz, permit en outre la création de fours à noir à cornues verticales, où l'ammoniaque est entièrement recueillie et la main-d'œuvre réduite au minimum. Enfin, l'industrie du phosphore, puis, des engrais chimiques, trouva une meilleure utilisation des os dégélatinés. Ces différentes raisons amenèrent la disparition de l'industrie du noir animal de notre région vers l'année 1880. La maison Coignet et Cie en fabrique toutefois encore une certaine quantité.

La troisième source industrielle d'ammoniaque est dans le traitement des vidanges. Le liquide retiré des fosses d'aisances renferme du carbonate d'ammoniaque, produit par la fermentation de l'urine. Il suffit de chauffer ce liquide en présence de la chaux pour dégager l'ammoniaque qu'on recueille dans des bacs d'acide sulfurique, où le sulfate d'ammoniaque cristallise.

L'Union mutuelle des vidanges, dirigée par M. Burelle, a installé, en 1875, à la Mouche, une usine où cette fabrication est installée en grand.

Le principal emploi du sulfate d'ammoniaque est l'emploi agricole.

Colles. — Les différentes colles du commerce sont composées de gélatine plus ou moins pure et plus ou moins altérée par sa fabrication même. La gélatine est un principe chimiquement défini, incolore et inodore. Mais on ne peut l'obtenir sans l'action de la chaleur, et cette action l'altère immédiatement en la colorant en jaune puis en rouge, en allant jusqu'au brun et même jusqu'au noir. Les produits colorés qui se forment ainsi n'ont pas été chimiquement étudiés.

La gélatine est obtenue, quelle que soit son origine, à l'état de dissolution chaude dans un excès d'eau. On l'amène par l'évaporation à un degré convenable de concentration, et on la coule en cet état dans des moules en métal. Par le refroidissement elle se prend en gelée. Primitivemement, ces moules étaient petits et donnaient directement des feuilles de gelée ; plus tard, on fit de grands moules donnant des pains de gelée qu'on découpe en feuilles. Autrefois, cette opération se faisait à la main avec un fil de fer. Aujourd'hui, on la fait avec des machines qui poussent le pain de gelée contre un peigne garni de lames d'acier. Les feuilles de gelée sont étendues sur des filets de corde, puis séchées à l'air. Ce séchage se faisait autrefois exclusivement à l'air libre, ce qui faisait que les fabriques de colles ne pouvaient fonctionner que dans certaines saisons. Aujourd'hui, on sèche dans de vastes étuves où des ventilateurs renouvellent l'air chauffé par des calorifères. Ce séchage est plus ou moins rapide suivant l'épaisseur des feuilles de gelée. Si elles sont très minces, le séchage a lieu en douze heures et on obtient des gélatines fines. Si les feuilles sont épaisses, on obtient des colles-gélatines ou des colles fortes, suivant la nature de la colle ; le séchage prend alors quelques jours ; la surface de la plaque de colle prend un aspect terne et se salit ; il faut alors laver cette surface avec une brosse trempée dans l'eau bouillante pour obtenir une surface brillante. A l'exemple de la maison Coignet, la plupart des fabricants ont pris l'habitude d'inscrire à ce moment sur la surface ramollie de la plaque le nom du fabricant et la marque de fabrique à l'aide d'un timbre gravé en acier. Beaucoup néanmoins vendent encore leurs colles sans marque. Les gélatines fines sont forcément sans marque, étant trop minces pour supporter le timbrage. Le format des feuilles varie avec la qualité.

La gélatine est extraite de deux matières animales, la peau et les os. Il n'est pas certain qu'il n'y ait pas une légère différence chimique entre la gélatine de peau et la gélatine d'os. Mais c'est peu probable ; la supériorité qu'on a attribuée, tantôt à la première et tantôt à la seconde, provenait des progrès successifs faits dans la fabrication tantôt de l'une et tantôt de l'autre. Aujourd'hui, en prenant des qualités comparables des deux gélatines, l'œil le plus exercé a de la peine à distinguer l'une de l'autre. Très souvent les colles du commerce sont des mélanges des deux espèces de gélatine.

Les colles de peaux ont été connues depuis un temps immémorial. La colle de poisson en forme une variété très anciennement fabriquée en Russie et en Orient. Les colles de peaux d'animaux sauvages, de buffles et d'éléphants, fabriquées en Angleterre et en Hollande ou Flandre, étaient très réputées au siècle dernier. La France importait presque toute la colle qu'elle employait. Nous trouvons néanmoins, en 1771, à Sens, une fabrique de colles de peaux fondée avec l'aide du gouvernement.

Au commencement du siècle, se fondent à Givet, dans le nord de la France, les fabriques de colles de peaux qui existent encore aujourd'hui et qui emploient les peaux sèches de l'Amérique du Sud. Ces colles, rougeâtres, en plaques carrées et épaisses, s'emploient dans l'ébénisterie. Des fabriques de colles de peaux s'établirent de tous les côtés dans les centres où existent des tanneries et mégisseries. Car, c'est naturellement avec les déchets de peaux non tannées et non avec des peaux entières que sont fabriquées les gélatines.

A l'Exposition de Paris, en 1823, on signale un fabricant de Paris, Pernet à Clichy, qui purifie les matières à la chaux et les cuit par la vapeur. Ce procédé se généralise. Grenet, à Rouen, est arrivé à produire des gélatines assez pures pour qu'elles servent à l'alimentation, et qu'on appela grenetines. Nous trouvons, à cette même époque (1823), les fabriques Seignoret à Marseille, Dumas à Limoges, Weishart à Dolle fabriquant des colles façon Flandre.

A Lyon, Jean-François Coignet joignit, en 1837, la fabrication de de la gélatine de peau à celle de la gélatine d'os qu'il avait fondée en 1818. La maison Coignet obtint la première la gélatine de peau absolument transparente.

Cette industrie est aujourd'hui exercée dans notre région par les maisons suivantes :

MM. Coignet et Cⁱᵉ, usine, route d'Heyrieux à Lyon ;

MM. Jacquand, père et fils, A. Coignet et Cⁱᵉ, successeurs, usine à Givors.

MM. S. Laprévote et Cⁱᵉ, usine à Saint-Fons.

MM. Bertrand, à Annonay ;

MM. Combier, Deschaux et Cⁱᵉ, Annonay,

Sans parler de l'usine Coignet, à Paris, ces cinq maisons consomment annuellement environ 7.000.000 kilos de déchets de peau.

L'industrie de la gélatine d'os est plus récente que celle de peau. En 1813, M. Robert monta une usine à l'Ile-des-Cygnes pour extraire la gélatine des os par les acides; il exposa à l'Exposition de Paris, de

1819, de la gélatine d'os pour bouillon, colle forte, colle à vin, *employée pour les gelées de viande et d'orange, pour les consommés*, avec une diminution de prix de 30 0/0.

En 1818, Jean-François Coignet, fonda, à Saint-Rambert-l'Ile-Barbe, une fabrique de gélatine extraite des os par l'acide chlorhydrique suivant une méthode étudiée par son beau-frère, Alphonse Dupasquier, professeur de chimie à Lyon. Cette usine fut transportée, en 1826, à La Villette, chemin de Baraban. M. Alphonse Dupasquier eut pour successeur, dans son enseignement de la chimie à Lyon, son neveu, M. Alexandre Glénard, professeur honoraire de laFaculté de Médecine, dont les conseils ont contribué puissamment au développement de l'industrie de MM. Coignet.

Dans l'usine du chemin de Baraban, M. Jean-François Coignet établit, à côté du procédé à l'acide qui donnait les colles façon Flandre, le procédé à l'autoclave qui donna les colles fortes façon Givet.

Papin avait montré, en 1680, que les os, chauffés sous pression avec de l'eau dans un autoclave, laissent dissoudre leur gélatine ; mais aucun parti n'avait été tiré de cette expérience. Darcet montra, qu'en chauffant l'autoclave avec la vapeur et non à feu nu et en ne dépassant pas 106°, on obtenait un bouillon de gélatine peu altéré et qu'il faisait servir dans les hôpitaux à l'alimentation des pauvres malades, en y ajoutant de la viande et des légumes.

Ce nouveau mode d'alimentation eut d'abord beaucoup de succès, du moins parmi les corps savants si ce n'est auprès des malades. Le jury de l'Exposition de 1834, avoue : « qu'il reste à vaincre des préjugés « opiniâtres avant que cette découverte ait produit tous ses bienfaits. » Le jury se trompait : les pauvres malades ne purent se faire à cette gélatine,et bientôt les physiologistes déclarèrent même qu'elle n'était pas nutritive. La vérité est que la gélatine est altérée par ce procédé. Bien purifiée, et provenant des peaux ou des os traités à l'acide, la gélatine est aujourd'hui consommée en énormes quantités dans la confiserie, les préparations de la charcuterie et des conserves alimentaires. Au reste, Voit a montré que la gélatine est un véritable aliment d'épargne, à condition d'être mélangée à de la viande et de la graisse (*Traité de physiologie* de Viault et de Jolyet, 1889).

Le procédé de Darcet, fut essayé d'abord sans succès pour obtenir des colles fortes. Le jury de l'Exposition de 1839, s'exprime ainsi : « Lors des premières expositions, la fabrication des colles était à

« peine créée, et ne fournissait que des produits de mauvaise qualité
« qui étaient d'ailleurs loin de pouvoir suffire à la consommation de la
« France ; les colles de qualité supérieure se tiraient de l'étranger.
« Mais l'emploi de la gélatine extraite des os par le moyen des acides,
« la cuisson à la vapeur, et de bons procédés de filtration et de
« blanchiment, ont rapidement porté cet art à un point de perfection
« tel qu'on peut dire qu'à ce sujet il ne nous reste plus rien à désirer.
« Le jury de 1834, qui avait remarqué que plusieurs fabricants avaient
« abusé des procédés de Papin, et n'avaient ainsi produit que des
« colles trop solubles dans l'eau froide, signala cet écueil dans son
« rapport ; cet avis, et l'intérêt des fabricants, les ont ramenés dans
« la bonne voie ; aussi voyons-nous les colles exposées être de bonne
« qualité. »

Malgré ces pronostics fâcheux, M. Jean-François Coignet et ses fils,
ne se découragèrent pas et réussirent à fonder à Lyon l'industrie de
la colle forte à la pression. En perfectionnant le lavage et le dégraissage des os, en réglant la pression et la durée de l'opération,
ils réussirent à obtenir une colle jaune clair, limpide, ne se dissolvant
plus dans l'eau froide, et qui allait faire une concurrence redoutable
à la colle Givet. En 1848, le résultat était complètement atteint,
et MM. Coignet obtenaient une médaille d'argent à l'Exposition de Paris de 1849. Ils appelèrent alors leur colle « colle
Coignet, médaille d'argent, » en 1852, puis colle médaille, en
1853. Cette dénomination passa dans le commerce, et aujourd'hui,
toutes les usines si nombreuses en France, de colle forte à la pression,
la vendent sous le nom de colle médaille ou colle à la médaille. La
colle médaille a complètement remplacé la colle de peau (Givet ou
Bourdon) dans l'ébénisterie courante. Lyon renferme aujourd'hui cinq
usines de colle médaille ; ce sont celles de :

1° MM. Coignet et Cie, transportée en 1846, à Monplaisir, route
d'Heyrieux ;

2° MM. Jacquand père et fils, A. Coignet et Cie, successeurs, à
Givors ;

3° MM. Laprévote et Cie, à Saint-Fons ;

4° MM. Godin frères, à Vaise ;

5° M. Poly, à Tassin.

Ces cinq usines consomment environ 18 millions de kilos d'os par
an, qui produisent environ 2,500,000 kilos de colle forte.

En 1855, MM. Coignet, fondèrent une usine à Saint-Denis, près de Paris, qui produit aujourd'hui 1.200,000 kilos. D'autres usines de colles fortes d'os ont été établies à Paris, à Nevers, Dijon et Bordeaux.

Cette industrie a fait depuis 1849, des progrès de détail. Vers 1880, Seltzam, fabricant autrichien introduisit en France son procédé de dégraissage des os par la benzine. Ce procédé donnait un rendement plus élevé en suif d'os et une colle plus limpide. Il fut monté à Lyon par la maison Jacquand père et fils, en 1881, et par la maison Laprévote.

Ce procédé, qui a moins d'intérêt depuis la baisse du prix du suif, peut aussi avoir des inconvénients pour la qualité, soit de la colle, soit du suif ; les suifs d'os à l'eau sont toujours cotés au-dessus des suifs d'os à la benzine. Aussi ce procédé ne s'est-il pas généralisé.

Depuis quelques années on essaie également avec succès dans cette fabrication l'application des appareils à cuire dans le vide, qui ont si bien réussi dans l'industrie du sucre.

La création de l'industrie de la colle à pression avait détourné pendant plusieurs années l'attention de MM. Coignet du procédé de traitement des os par l'acide chlorhydrique par lequel leur père avait débuté en 1818. Ce procédé avait été amélioré par l'usine de Javel, à Paris. En 1867, MM. Coignet louèrent un atelier dans l'usine même de MM. Perret à Saint-Fons ; ils recevaient ainsi l'acide chlohydrique à son lieu de production. Cet acide, employé en solution étendue dissout la partie minérale de l'os et laisse la partie organique de l'os ou *osséine*, qui a la forme de l'os, mais est élastique comme du caoutchouc. L'osséine est ensuite transformée en gélatine par la simple ébullition en vase ouvert. La dissolution de la partie minérale de l'os dans l'acide chlorhydrique, produit du chlorure de calcium et du phosphate acide de chaux ; ce mélange est traité par un lait de chaux qui précipite le phosphate à l'état bicalcique ou tricalcique, suivant les conditions où l'on opère. Le phosphate précipité bicalcique, étant soluble dans le citrate d'ammoniaque, quoique insoluble dans l'eau, a une plus grande valeur commerciale que le tricalcique.

Cette industrie du phosphate précipité est ainsi une conséquence forcée du l'industrie de la colle d'os à l'acide ; on peut toutefois le préparer directement au moyen des phosphates fossiles. M. Péchiney avait monté cette fabrication à Salindres, mais l'a abandonnée quand l'acide chlorhydrique eut augmenté de valeur ; elle existe encore en Angleterre.

L'industrie de la colle d'os à l'acide fit de rapides progrès à partir de 1867. Elle fut installée dès cette année par MM. Coignet dans leur usine de Saint-Denis près Paris, et à peu près à la même époque par la maison Gigodot et Laprévote (aujourd'hui S. Laprévote et Cⁱᵉ) à Saint-Fons. Cette maison, fondée en 1857, fit en 1865 l'acquisition de son usine de Saint-Fons, qui existait déjà comme fabrique de colle forte, et peu après y installa à la fois la fabrication de la colle d'os à l'acide et de la colle de peau.

La maison Jacquand installa à son tour cette fabrication dans son usine de Givors et la développa, surtout à partir de 1881. En 1884, la maison Coignet transporta son atelier de Saint-Fons dans son usine de Monplaisir, lorsque la Compagnie de Saint-Gobain eut inauguré le transport de l'acide chlorhydrique par des voitures et wagons-citernes.

En dehors de Lyon, cette fabrication a été montée dans l'usine Hertz, de Saint-Avold (Alsace-Lorraine), et à Nevers, dans l'usine Valette. A Paris, l'usine de Javel l'ayant abandonnée, elle n'existe plus que dans l'usine Coignet.

Les gélatines obtenues par ce procédé, débitées en feuilles épaisses, mais du format des gélatines, furent désignées dans le commerce sous le nom de colles-gélatines. Au bout de quelques années, elles furent obtenues aussi transparentes que les colles de peaux. Dès lors la dénomination de colle-gélatine s'appliqua indifféremment aux deux espèces de gélatines, pourvu qu'elles eussent le format en feuilles épaisses.

En résumé, l'industrie des colles d'os a pris naissance en France, à Lyon, qui en est resté, au moins pour la colle-gélatine, le centre le plus important.

Aux 18 millions de kilos d'os consommés annuellement par les usines lyonnaises pour la colle à pression, il faut ajouter environ 7 millions de kilos pour le procédé à l'acide. En y joignant la colle de peau, les usines de colles de Lyon produisent en totalité environ 4 millions de kilos de colles et gélatines par an et occupent huit cents ouvriers, hommes, femmes ou enfants.

Cette industrie n'a pu prendre ce développement que parce qu'elle est devenue une industrie d'exportation. Au commencement du siècle, la France importait presque toute la colle qu'elle employait ; en 1833, elle exportait 79.000 francs de colles ; en 1893, cette exportation s'élevait à 7.450.000 kilos pour une valeur de 8 millions de francs.

Phosphore. — Le phosphore fut découvert en 1669 par Brand, chimiste de Hambourg, en calcinant le résidu de l'urine évaporée. Quelques années après, Godfrey-Mankwitz, apothicaire à Londres, le préparait couramment. En 1737 un étranger vint à Paris et prépara le phosphore devant l'Académie des sciences. Rouelle, l'aîné, en fit dans son cours. En 1774, Gohn constata la présence du phosphate dans les os ; il dissout les os calcinés dans l'acide nitrique, puis précipite par l'acide sulfurique et concentre la liqueur, puis la distille avec du charbon. Enfin, Nicolas et Pelletier font l'attaque directe des os par l'acide sulfurique. En 1797, Fourcroy et Vauquelin montrèrent qu'après la séparation du sulfate de chaux, on avait non de l'acide phosphorique, mais un phosphate acidulé de chaux.

En 1838, M. Jean-François Coignet qui commençait dans son usine du chemin de Baraban la fabrication de la colle à pression, monta également celle du phosphore. Les os dégélatinés donnaient en effet à meilleur marché des os calcinés que lorsqu'on partait des os neufs. Le phosphore, qui n'était jusqu'alors qu'un produit de laboratoire, voyait un débouché immense s'ouvrir pour lui avec l'invention des allumettes phosphoriques, qui date de 1833. En 1839, outre la fabrique Coignet à Lyon, il y avait une fabrique Monjeau et Muiron à Reims et surtout la fabrique de la Société des Mines de Bouxvillers qui produisait alors 3.000 kilos de phosphore par an.

En 1847, Schroetter de Vienne, trouva le moyen de transformer pratiquement le phosphore blanc en phosphore rouge ou amorphe. MM. Albright d'Oldbury, fabricants de chlorate de potasse, qui avaient depuis 1841 un brevet sur cette fabrication le vendirent à M. Coignet pour la France, et dès 1852, MM. Coignet préparèrent en grand le phosphore amorphe. Ils perfectionnèrent l'appareil de Schroetter et surtout améliorèrent la purification du phosphore amorphe.

En 1855, Bouxvillers fabrique encore 10.000 kᵒˢ de phosphore par an, mais bientôt après abandonne cette fabrication. L'usine Coignet à Lyon, prépare en 1859, 36.000 kᵒˢ de phosphore blanc ou rouge par an.

Cette fabrication était difficile, et dans les premiers essais M. François Coignet fut victime d'un accident qui lui fit perdre un œil. Restés seuls fabricants en France, MM. Coignet remplacèrent en 1867 les os calcinés par le phosphate précipité des os qu'ils produisaient alors en grand dans leur usine de St-Fons, et installèrent une filtration mécanique du sulfate de chaux. Néanmoins, absorbés par la création de leur industrie des colles, MM. Coignet laissèrent prendre la première place à M. Albright, le fabricant anglais. Ce dernier ayant l'acide et le charbon meilleur marché, trouva le moyen d'employer les phosphates fossiles, qui, étant en quantité illimitée, lui permirent de développer beaucoup sa fabrication.

En 1882, MM. Coignet, après bien des tentatives infructueuses, réussirent à remplacer les petites cornues qui ne faisaient qu'une opération et renfermaient peu de matière, par de grandes cornues dans le genre des cornues à gaz qui durent plus d'un an et renferment 400 k. de matière, et employèrent en même temps des fours à gazogène.

A la même époque M. Jacquand père et fils, A. Coignet et Cⁱᵉ, successeurs, montèrent aussi une fabrique de phosphore à Givors avec le système des grandes cornues.

La maison Coignet et Cⁱᵉ, abordant alors l'emploi des phosphates fossiles, put doubler sa production.

L'ensemble des deux usines de Lyon et Givors, seules usines en France, produit annuellement environ 300.000 kilos de phosphore. L'Etat français, possesseur du monopole des allumettes, consommant 20 à 30.000 kilos, tout le reste est destiné à l'exportation.

ALLUMETTES CHIMIQUES. — Cette industrie se rattache étroitement à celle du phosphore. En 1808, Berthollet qui venait de découvrir le chlorate de potasse, corps comburant, cédant facilement son oxygène, montra qu'en le mélangeant avec des corps combustibles comme le sucre, le sulfure d'antimoine, on obtient une pâte inflammable par le contact avec l'acide sulfurique. Sur ce principe furent fondés les briquets oxygénés fabriqués en 1814, à Tubingue, puis à Berlin. Une allumette soufrée et imprégnée de la pâte ci-dessus décrite, s'enflammait quand on la trempait dans un flacon rempli d'amiante imbibée d'acide sulfurique. En 1831, Etienne Römer en Autriche, imagina des machines pour produire à bon marché le brin de bois qui constitue l'allumette. Mais ces briquets ne fonctionnaient plus dès que l'acide sulfurique avait absorbé l'humidité de l'air.

En 1832 on imagina les allumettes *congrèves*, où la pâte précédente rendue plus inflammable pouvait s'enflammer par le frottement entre deux plis de papier verré ; mais ce procédé ne devint pratique que lorsqu'on remplaça vers 1833, le sulfure d'antimoine par le phosphore. Mais la fabrication de la pâte de chlorate et phosphore devenait très dangereuse et le gouvernement allemand dut l'interdire. Preshel, de Vienne, en 1837, remplaça le chlorate de potasse par le bioxyde de plomb, puis par une pâte formée de salpêtre, bioxyde de manganèse, phosphore et gomme. On remplace aussi le soufre par la cire dans certaines allumettes. Enfin, en 1844, Boettger remplaça la gomme par la colle forte. Dès lors l'industrie autrichienne, grâce à ses excellents bois, devint sans rivale.

La découverte du phosphore amorphe qui n'est plus un poison et ne s'enflamme plus spontanément, fit immédiatement songer à l'employer pour les allumettes. On essaya le mélange du chlorate de potasse et de phosphore amorphe qui fut trouvé tout aussi dangereux que le même mélange avec le phosphore blanc. Trois fabricants, Fürth, de Bohême, Preshel, de Vienne, et Lündstrom, de Jonkoping (Suède), appliquèrent le principe de l'allumette au phosphore amorphe qui est de mettre le chlorate de potasse sur l'allumette et le phosphore sur un frottoir spécial. L'invention paraît avoir été faite, en 1848, par Bœttger, de Francfort-sur-le-Mein, qui l'avait enseignée à Fürth et Preshel. Lündstrom seul prit un brevet le 15 avril 1851, que MM. Coignet, qui venaient d'acquérir le brevet de la fabrication du phosphore amorphe en France acquérirent également.

MM. Bombe de Villers, en 1857, essayèrent à Lyon d'appliquer le même principe en mettant la pâte au phosphore non plus sur un frottoir, mais sur l'autre extrémité de l'allumette qu'il fallait casser en deux en frottant les deux têtes l'une contre l'autre. Il résulta d'un procès, en 1860, entre MM. Coignet et de Villers que tous les brevets étaient nuls pour antériorités constatées. Mais MM. Coignet restèrent les seuls fabricants en France des allumettes hygiéniques au phosphore amorphe, parce qu'ils étaient arrivés à une qualité satisfaisante. Une ordonnance du 5 août 1859 rendit obligatoire l'usage de ces allumettes dans les casernes.

Mais, malgré les efforts des hygiénistes, le public préférait les allumettes autrichiennes au phosphore ordinaire Une foule de petites fabriques s'élevèrent partout. En 1855, on en comptait une vingtaine à la Guillotière qui avaient, en moyenne, cinq à huit ouvriers. Vers 1869, MM. Coignet adjoignirent la fabrication des allumettes au phosphore ordinaire, en bois et en bougies, à celle des allumettes hygiéniques. En 1872, l'Etat ayant exproprié toutes les fabriques d'allumettes, en concentra la fabrication dans quelques villes seulement ; il ne fit pas l'acquisition de l'usine de MM. Coignet, parce que l'usine de phosphore était enchevêtrée avec celle d'allumettes. C'est cette circonstance qui priva notre ville de cette industrie qu'y avaient implantée MM. Coignet.

Engrais chimiques. — De tout temps les agriculteurs ont employé les détritus et fumiers comme engrais. Différentes substances, comme la chaux et le plâtre, furent employées de bonne heure, mais sans qu'on sût bien leur rôle. Le jury de l'Exposition de 1834 classe les engrais de la façon suivante :

1º Les engrais proprement dits, sont formés par les débris animaux et végétaux dont la décomposition sert à la nutrition des plantes cultivées en leur fournissant l'azote et l'acide carbonique ;

2º Les amendements terreux qui n'agissent que physiquement pour ameublir le sol ;

3º Des stimulants, qui sont des sels destinés à servir tantôt d'excitants aux facultés végétatives, tantôt de modificateurs et de conservateurs des engrais.

Avec ces idées, l'industrie des engrais consistait à préparer des charbons poreux desséchant et désinfectant les détritus organiques liquides comme le sang et les vidanges et assurant leur conservation.

On employait déjà les débris de cornes en râpure ou en poudre pour les oliviers et la vigne. Les os étaient broyés et employés en poudre grossière en Allemagne, depuis 1802 (cette pratique existe encore en Suisse). Les Anglais établirent, en 1822, à Hull, une usine de broyage des os ; ils commencèrent dès lors l'importation des os de tous les pays du monde. Cette importation, qui commença par celle d'un lot de 30,000 kilos d'ossements d'hommes et chevaux, ramassés sur les champs de bataille d'Allemagne, atteint aujourd'hui 60,000 tonnes par an.

Payen établit l'équarrissage des chevaux à Grenelle, puis à Lyon ; c'est là l'origine de l'établissement La Racine, puis Malécot, qui prépare des engrais avec les cadavres de chevaux. Le noir animal, après avoir servi aux sucreries, était employé, avec succès, en Bretagne, sur les bords de la Loire, et aux Antilles, à partir de 1822, mais on attribuait son action au carbone.

Le jury de 1834 récompense M. Salmon, qui préparait un charbon animal en calcinant en vase clos un mélange de détritus organiques avec une boue qu'il rend entièrement poreuse, charbonneuse,

absorbante : « Dans ce système, ajoute le jury, on ne perd pas un
« atôme propre à la végétation. »

Le jury donne un tableau des prix des engrais à cette époque (1834),
auquel nous joignons les prix actuels, qui ne sont pas très différents :

	PRIX DES 100 KILOS		
Engrais	En 1834	En 1894	Par hectare
Viande desséchée	20 fr.	20 fr.	550 kilos
Sang.	20	23	750
Corne	24	25	1.125
Noir animal.	10	12	1.800
Os concassés	12	14	2.000
Fumier	0 80	1	54.000

Ce n'est qu'en 1843, que le duc de Richmond démontra que l'action
fertilisante des os est due au phosphate de chaux et non à la gélatine.
Les phosphates fossiles de l'Estramadure et les coprolithes
trouvaient dès lors une utilisation. Dès ce moment, on les emploie
en Angleterre en les mélangeant avec 20 à 50 0/0 d'acide sulfurique
Telle est l'origine de l'industrie des super-phosphates qui a pris
aujourd'hui un tel développement qu'elle absorbe peut-être la plus
grande partie de l'acide sulfurique produit.

Le jury de 1855 constate que l'industrie des engrais chimiques est
constituée en Angleterre : la Compagnie des engrais de Londres présente des superphosphates fossiles et des superphosphates d'os, du
guano, du sulfate d'ammoniaque, du nitrate de soude.

A Lyon, MM. Coignet et Cie, vendirent de bonne heure de la poudre
d'os dégélatinés et différents résidus de leur fabrication de colle forte.
En 1878, ils adjoignirent à leur fabrique de colles de la route
d'Heyrieux une fabrique d'engrais où ils fabriquèrent du superphosphate
d'os et des engrais complets obtenus en mélangeant ces superphosphates avec des sels fertilisants, de la corne torréfiée, du sang
desséché, du marc de colle, et du sulfate de chaux ou plâtre phosphaté
provenant de la fabrique de phosphore. Cette fabrication utilise
aujourd'hui tous les sous-produits des usines de colles et phosphore de
MM. Coignet, et produit 8,000,000 de kilos par an. MM. Laprévote
et Cie, ont installé la fabrication du superphosphate d'os il y a trois
ou quatre ans, et MM. Jacquand l'installent à leur tour. La
Compagnie de Saint-Gobain, a monté en 1890, une grande usine de
superphosphates fossiles à Saint-Fons.

MM. Deis et Odet, M. Victor Cambon, M. Michel, ont aussi des fabrications de superphosphates. Enfin, diverses maisons, comme la maison Berthier et Mauriat, font seulement les mélanges des superphosphates avec les autres matières, sans les fabriquer.

Cette industrie des superphosphates n'a pu prendre un tel développement que grâce à la découverte de nombreux gisements de phosphates fossiles en France et à l'étranger. C'est à un Lyonnais, M. Poncin, que l'on doit la plupart de ces découvertes en France, et notamment celle des fameux phosphates de la Somme. Il importe d'autant plus de le rappeler que, les phosphates n'ayant pas été prévus par la législation des mines, M. Poncin n'a retiré aucun profit de ses découvertes dans la Somme. Aujourd'hui, plusieurs maisons s'occupent à Lyon, de l'exploitation des phosphates ; nous citerons, M. Lyonnet, qui exploite des phosphates dans la Haute-Saône, la Société lyonnaise des Phosphates de chaux du haut Rhône ; les phosphates du Rhône, aujourd'hui absorbés par la Société des Phosphates de France, la Société de M. Férouillat qui possède des phosphates dans la vallée du Rhône et en Algérie.

La découverte de l'action destructive du sulfate de cuivre sur le mildew, a amené un grand développement de la fabrication du sulfate de cuivre à Lyon, par l'action de l'acide sulfurique sur le vieux cuivre Mais cette industrie n'a pu luttercontre l'industrie anglaise préparant le sulfate directement avec le minerai.

Sulfure de carbone. — Le sulfure de carbone a pris un grand développement depuis qu'on a découvert son action destructive sur le phylloxera. Il se prépare en faisant agir des vapeurs de soufre sur du charbon de bois au rouge dans de grandes cornues, dans le genre de celles du gaz. Jules Deis, en 1884, Vial et Cie, en 1886, ont établi des usines à la Mouche ; Pitiot, en 1885, en a monté une à Belleville-sur-Saône. Les perfectionnements de cette industrie ont consisté dans une meilleure condensation du sulfure de carbone, puis dans une utilisation des dernières vapeurs que l'on transforme en acide sulfurique.

La consommation du sulfure de carbone tendant à baisser par suite de la propagation des plants américains greffés, M. Vial a cessé sa fabrication, et transformé son usine en usine d'acide borique.

2° Produits chimiques divers.

ACIDE CITRIQUE. — En 1865, M. Mulaton monta à Lyon la fabrication de l'acide citrique, qui était jusque-là le monopole de l'Angleterre. Cet acide se prépare en traitant le jus de citron de Sicile par la craie puis par l'acide sulfurique et concentrant dans le vide. MM. Doix-Mulaton et Wolf, qui ont succédé à M. Mulaton, ont maintenu la pro duction à un chiffre élevé. Cette usine est la principale du continent, et produit plus de 100.000 kilos par an.

ACIDE TARTRIQUE. — Il s'extrait des lies de vin qu'on traite par l'acide chlorhydrique, puis par la craie ; le tartrate de chaux obtenu est traité par l'acide sulfurique, et l'acide concentré dans le vide est soumis à la cristallisation.

Cet industrie a été établie à Lyon vers la même époque par M. Bouvier et M. Mulaton, vers 1865. Aujourd'hui les maisons Veuve Bouvier et Doix-Mulaton et Wolf, préparent ensemble environ 150.000 kilos d'acide tartrique par an.

ACIDE PYROLIGNEUX. — Ce produit de la distillation des bois en vase clos sert à préparer l'acide acétique et les acétates.

Les maisons Dardouillet à Fontaines-sur-Saône, et J. Randu à Saint-Fons, ont été les premières à installer cette industrie à Lyon ; quelques années après trois ou quatre maisons ont monté le même produit.

Autrefois, la teinture en noir employait pour des articles alors spéciaux des quantités considérables de pyrolignite de fer, c'est-à-dire d'acétate brut ; maintenant avec les nouvelles charges des soies et les exigences de la mode, la consommation de ce produit a diminué dans de fortes proportions.

En outre, l'établissement de fabriques d'acide pyroligneux dans les pays boisés, notamment dans la Nièvre, a beaucoup diminué l'importance des distillations de bois de notre région. Ces usines de la Nièvre envoient à Lyon de l'acétate de chaux, préparé sur place, sans frais de transport des bois, et cet acétate est transformé à Lyon en acide acétique.

La maison Randu, à Saint-Fons, a aujourd'hui pour successeur M. Brante ; la maison Dardouillet a eu pour successeur M. Stéphane

Girard; plus nouvellement, M. Nérard a monté une usine à Pierre-Bénite; enfin, MM. Gillet et Fils, teinturiers, fabriquent eux-mêmes l'acide pyroligneux dont ils ont besoin dans leurs usines de teinture.

Caoutchouc. — La Condamine, en 1736, décrivit la résine élastique d'Amérique. En 1772, on en importait des morceaux pour effacer le crayon, sous le nom de peau de nègre. En 1823, Macintosh trouvait dans les produits de distillation de la houille un dissolvant du caoutchouc. En 1830, Guibal et Rattier préparent des fils de gomme qui remplacent les spirales métalliques dans les jarretières et bretelles. En 1840, Goodyear, américain, découvrit la vulcanisation, c'est-à-dire la combinaison du soufre et du caoutchouc vers 120 à 150°. Le caoutchouc vulcanisé ne perd plus son élasticité à partir de 4°, comme le caoutchouc pur. Dès lors, sa fabrication, sans cesse perfectionnée, en a multiplié les usages dans l'industrie comme tuyaux, joints, clapets.

M. Lacollonge introduisit cette industrie à Lyon en 1882. Il perfectionna la variété appelée caoutchouc durci ou ébonite et réussit à faire de grands réservoirs de tôle enduits de caoutchouc durci que la Compagnie de Saint-Gobain et des fabriques d'acides même lointaines emploient au transport de l'acide chlorhydrique par voitures ou par wagons; il fabrique aussi des paniers d'essoreuse enduits de caoutchouc durci. Cette précieuse matière, inattaquable aux acides, rend les plus grands services à l'industrie chimique.

Sulfate de baryte. — M. René Buisson a établi, à l'Arbresle, une extraction et un blanchiment de sulfate de baryte. Ce produit, à l'état de blanc impalpable, sert à la fabrication du papier, des mastics, du caoutchouc vulcanisé, etc. M. Buisson prépare également divers sels de baryte.

Cirage. — Ce produit, composé de noir animal, mélasse et corps gras, a été préparé d'abord à Givors par la maison Jacquand, fondée en 1825.

Cette usine fut l'origine de la grande Société des cirages français, qui possède aujourd'hui une usine à Vaise, une à Saint-Ouen, deux en Russie, et jouit d'une réputation universelle pour cet article. La Société fabrique elle-même ses boîtes à cirage en fer-blanc à l'aide d'un outillage mécanique des plus perfectionnés.

3° — Corps gras.

Cette classe comprend deux industries très importantes, le *savon et la bougie*, toutes deux occupant un grand nombre d'usines à Lyon.

Savon. — Les anciens savaient préparer le savon en traitant les corps gras naturels, huile d'olive, etc., par une lessive de cendres, rendue caustique par la chaux ; mais ce savon servait plutôt de cosmétique que de savon.

Au Moyen-Age, la ville de Savone, en Italie, dut son nom à sa fabrication de savon. Gênes s'empara violemment de cette industrie ; puis Marseille en fit réellement une grande fabrication et le savon de Marseille, après avoir été un véritable monopole pour cette ville, est resté l'un de ses produits importants.

La création, à Paris, des fabriques de soude artificielle y amena la fondation de fabriques de savon.

De 1840 à 1844, date de la création à Lyon de l'industrie stéarique, la nécessité de trouver, pour l'acide oléique, alors peu connu des savonniers et qui n'était guère employé que dans le rayon parisien, un débouché plus avantageux que la vente en nature suggéra à MM. Bail et Boffard d'abord, et à MM. Chatanay père et fils ensuite, l'idée de créer une savonnerie destinée à la fabrication exclusive des savons à base d'acide oléique. Les débuts furent difficiles, le consommateur s'habituant difficilement à ce nouveau produit. Mais bientôt, la différence de prix avec les savons de Marseille aidant, les Lyonnais, comme les Parisiens l'avaient fait avant eux, se donnèrent franchement à la consommation du savon d'oléine, soit uni, soit avec marbrures bleues ou rouges. Depuis quelques années, la consommation de ce savon se fait surtout dans les régions industrielles métallurgistes, ce savon un peu alcalin ayant un pouvoir détersif considérable.

Quelques années plus tard, les teinturiers en soies, dont l'industrie prenait alors un grand essor, eurent l'idée d'appliquer le savon d'acide oléique au décreusage des soies, pensant y trouver et avec raison une économie sérieuse, sans atténuation dans la qualité du résultat.

MM. Hominal-Goutines, fabricants de cristaux de soude, et M. Chatanay, stéarinier et savonnier, et quelques autres savonniers de moindre importance s'adonnèrent à cette fabrication, dont le produit annuel bientôt près de 2.500.000 kilogrammes.

Depuis quelques années, une véritable révolution dans la teinture a causé une réduction énorme dans la fabrication de ces savons industriels.

MM. Gillet père et fils, notamment, se mirent à fabriquer eux-mêmes tous leurs savons d'acide oléique. Ils demandent à cet effet aux stéariniers plus d'un million de kilogrammes de ce produit annuellement. Si l'on ajoute qu'ils récupèrent une notable partie de l'acide oléique contenu dans leurs eaux savonneuses, pour le transformer de nouveau en savon, il sera facile de se rendre compte du préjudice que cette innovation a causé aux spécialistes.

En plus des savons à base d'acide oléique, Lyon produit :

Des savons blancs, fabrication marseillaise, à base de coprah palmiste et arachide, et de soude.

Des savons d'Éschweig, unis ou marbrés rose ou bleu, à base de coprah palmiste, suifs d'os, eflambards et de soude.

Des savons industriels à base d'huile de pulpe d'olive et de soude.

Des savons en pâte à base d'acide oléique ou, accidentellement, d'huile de lin et de *potasse*.

Les savonneries existant actuellement à Lyon sont les suivantes :

L. Condat aîné. — Savons ménage concrets et pâte.

Faussemagne. — Savons ménage concrets et pâte.

Thuillier-Mermet. — Savons concrets industriels et ménage.

Naguet et Cie. — Savons ménage concrets et pâte.

A. Chatanay. — Savons concrets et pâte industriels et ménage.

La production annuelle desdites savonneries atteint 4.500.000 kilogrammes environ.

Elles occupent environ cent ouvriers.

Bougies stéariques. — L'industrie stéarique tire son origine des travaux de Chevreul et de sa découverte vers 1825, d'un procédé de dédoublement des graisses par la saponification, en glycérine et acides gras. Le brevet qu'il prit vers cette époque en compagnie de Gay-Lussac, était tout ce qu'il y a de moins industriel puisqu'il reposait sur la saponification par la soude ou la potasse, avec séparation des acides gras concrets et liquides par cristallisation dans l'alcool.

La découverte vers 1831, de la saponification calcaire par de Milly et Motard, mit cette industrie dans la bonne voie et permit à de Milly de fonder cette même année vers la banlieue de l'Etoile, la première fabrique de bougies, laquelle produisit pendant plusieurs années, quelques milliers de paquets de bougies, avec des résultats financiers très douteux.

Mais les progrès marchèrent rapidement, soit au point de vue de l'économie et de la facilité de fabrication de l'acide stéarique, soit à celui des perfectionnements de la bougie. C'est en 1836, que de Milly eut l'idée d'imprégner la mèche d'acide borique pour assurer la combustion complète de celle-ci. C'est également lui qui eut l'idée avec Cambacérès, d'employer les mèches tressées qui permettent à la flamme de rester brillante, sans mouchage, et dès lors le succès fut assuré.

Sans entrer dans un historique complet des procédés actuels de fabrication, on peut dire sommairement qu'ils se divisent en deux systèmes distincts : la saponification et la distillation.

La saponification qui se faisait à l'origine en vase ouvert avec 17 0/0 de chaux vit successivement cette proportion réduite à 12, 7, 4, 2 0/0, et même plus du tout par l'emploi des appareils autoclaves et augmentation de la pression de la vapeur.

Le système le plus répandu est la saponification en autoclave de cuivre avec 2 à 4 0/0 de chaux et pression de vapeur à 9 kilos.

La maison de Milly a réalisé en 1889, un appareil qui saponifie par l'eau seule avec une pression de 15 kilos.

La saponification ne peut employer comme matière première que le suif de boucherie, bœuf, mouton, chèvre, etc.

La distillation des acides gras qui fut connue peu d'années après la création de l'industrie stéarique n'a pas d'histoire bien précise. Ce fut dans le principe un procédé barbare et ruineux, qui avait pour but l'emploi des matières grasses de toute nature et surtout de celles à bon marché. Aujourd'hui on traite par ce procédé : les suifs animaux de diverses natures, les suifs d'os, les huiles de palme, les huiles de Mowra, les suifs végétaux de la Chine.

Les perfectionnements furent et sont encore individuels. Dans chaque fabrique la forme des alambics, la disposition des foyers, la surchauffe de vapeur, les condenseurs des acides gras sont différents. Le principal à noter c'est que d'empirique et ruineux à son origine, il est devenu vraiment industriel et avantageux. 90 0/0 environ de la production française de bougies est obtenu par ce procédé.

La phase des opérations généralement adoptées par les fabricants actuels est celle-ci :

Saponification en autoclave, comme moyen le plus économique de retirer la glycérine ;

Acidification par l'acide sulfurique à 66° des acides gras desséchés et à une température de 120° environ pour concrétion d'une partie des acides gras liquides, lavage des acides gras noircis, nouveau desséchage vers 110°, distillation dans un courant de vapeur surchauffée, puis la série habituelle des pressions pour séparation des acides gras, liquides et concrets.

L'industrie stéarique fut créée à Lyon, de 1840 à 1842, par MM. Bail et Boffard, négociants ciriers et fabricants de cierges, M. J.-J. Chatanay, fondeur de suif et fabricant de chandelles, M. Bérard, maison nouvelle et créée en parts ou actions, actuellement Aug. Radisson et C°, successeurs d'Albert Weiss et C°.

MM. Bail et Boffard et J.-J. Chatanay ajoutèrent une savonnerie à leurs établissements dans le but de trouver un écoulement plus avantageux de leurs acides oléiques. La maison Bail et Boffard, auxquels succèdèrent MM. C. Montaland et C°, n'existe plus.

Les maisons existant actuellement à Lyon sont :

Aug. Radisson et C° ;
A. Chatanay ;
L. David et C° ;
Claude Guy ;
Gourd père et fils.

MM. Radisson, David, Guy, Gourd emploient le procédé de saponification en autoclave avec 2 à 4 0/0 de chaux et sont exclusivement stéariniers, M. Chatanay emploie les procédés de distillation et est savonnier (1.200.000 kilos annuels environ).

Les stéariniers lyonnais ont, sans discontinuer, suivi la marche du progrès. Si aucune invention fondamentale n'est à leur actif, aucun perfectionnement ne les a laissés indifférents, et ils ont fait des inventions d'autrui une application souvent plus pratique que les auteurs eux-mêmes, soit en les amenant à la perfection par des modifications de détail, soit en les appliquant intactes dans des conditions plus avantageuses. Ils ont de plus maintenu la réputation des marques lyonnaises qui ont joui de tout temps et jouissent encore d'une suprématie marquée.

Leur consommation de matières premières et leur production de produits marchands sont les suivantes :

CONSOMMATION

Charbon, suifs, huiles de palme, etc. . .   8.000.000 kilos

PRODUCTION

Bougies. . . . .   4.500.800 kilos
Oléine. . . . .   3.000.000 —
Glycérine . . . .   750.000 —

Ils occupent environ six cents ouvriers ou ouvrières (un tiers environ de ces dernières).

4° — Matières tinctoriales, matières colorantes et produits pour le blanchiment

L'industrie des matières employées dans la teinture a toujours été très développée à Lyon. Les causes de ce développement se rattachent d'une manière étroite au travail de la soie. A mesure, en effet, que notre grande industrie lyonnaise prenait son essor, il lui était indispensable de créer les moyens techniques lui permettant de se manifester.

Or, parmi ces moyens techniques, le tissage, la teinture, l'apprêt, pour ne citer que les principaux, occupaient des places prépondérantes, et, il est permis de le dire, au moins pour les deux premiers, s'affirmaient avec une égale importance.

En particulier la teinture réclamait à son tour des matières colorantes qu'elle appliquait ensuite sur les soieries formées de fils de soie, pure ou associée à d'autres textiles tels que la laine ou le coton.

Nos grands ateliers de teinture lyonnais ont une physionomie toute spéciale, ne se retrouvant nulle part; avant de parler des matières colorantes, nous l'esquisserons en quelques mots. Ce sont des établissements autonomes, recevant de la soie des mains du fabricant de soieries, et la lui rendant teinte, parée, finie.

Ces opérations s'effectuent sur de la soie en fils (teinture en flottes) ou sur de la soie tissée (teinture en pièces); elles sont complétées fréquemment par des opérations d'impression et d'apprêt s'effectuant parfois dans des établissements spéciaux, parfois aussi dans les ateliers de teinture eux-mêmes.

Les ateliers de teinture lyonnais constituent de grands établissements industriels, employant plusieurs milliers d'ouvriers. Ceux-ci, groupés par plusieurs centaines dans de grands ateliers, sont d'une habileté consommée dans l'art de teindre; au point de vue de la conformité, de l'uniformité, du brillant des nuances, ils réalisent presque la perfection.

Les chefs des établissements de teinture lyonnais se sont de tout temps préoccupés d'accroître les moyens d'action, utilisables par leur industrie. L'étude et la recherche des matières colorantes a longtemps occupé leurs efforts. C'est à leur impulsion que revient l'honneur et le mérite de la découverte et de l'emploi des matières colorantes artificielles.

L'introduction de ces matières colorantes dans l'industrie constitue une des évolutions techniques les plus curieuses de notre siècle; comme c'est à Lyon qu'elle a pris naissance, qu'elle a abouti à la création d'une industrie dont la production annuelle atteint dans le monde cent cinquante millions de francs, nous allons en quelques mots indiquer son origine.

En 1849, M. Guinon, teinturier en soies à Lyon, a employé l'*acide picrique*, obtenu par la nitration des huiles lourdes de houille, à la teinture des soies.

Cet emploi, aboutissant à la production sur la soie, de teintes jaunes assez belles, mais peu intenses et fugaces, fut assez restreint mais son importance historique est considérable, ce fut en effet, le premier exemple de l'emploi industriel d'une matière colorante produite par l'industrie.

Jusque vers le milieu de ce siècle, en effet, les teinturiers n'employaient depuis un temps immémorial, que des matières colorantes d'origine naturelle provenant pour la plupart de bois, de racines colorées, et dans quelques cas de fleurs. Maintes fois, pourtant, les chimistes avaient vu des matières colorées prendre naissance dans leurs expériences. Mais une sorte de dogme était admis par tous. Seule la nature devait pouvoir fournir les matières colorantes. Aussi, l'idée n'était venue à personne, pas même aux chimistes, d'utiliser les matières colorantes produites par la chimie pour la teinture des tissus; on peut juger ainsi des effets malfaisants que peuvent produire parfois, dans le domaine expérimental, les idées préconçues.

Quelque temps après les recherches de M. Guinon sur l'acide

picrique, le chimiste anglais Perkin obtint en 1856 une matière colorante violette appelée *mauvéine*. La mauvéine fut obtenue par Perkin au cours de recherches scientifiques sur la préparation de la quinine. Cette matière colorante prenait naissance par oxydation de l'aniline dans des conditions déterminées. La découverte du savant chimiste anglais devint rapidement industrielle.

Dès l'année 1857, un de nos compatriotes, M. P. Monnet, fut en mesure de fabriquer industriellement d'importantes quantités d'*aniline* et de la transformer en *violet Perkin* ; cette matière colorante fut livrée aux teinturiers sous le nom d'*Harmaline*.

C'est encore un lyonnais, Verguin, qui, soutenu et encouragé par MM. Renard frères, teinturiers à Lyon, obtint la *fuschine*.

Cette magnifique matière colorante rouge, fut préparée en 1859, par Verguin, en faisant agir le chlorure stannique sur l'aniline.

La découverte de Verguin fut appliquée industriellement par MM. Renard frères, teinturiers lyonnais (Brevet du 8 avril 1859). C'est de cette époque que date réellement la création d'une industrie nouvelle; à la fuschine succéda bientôt toute une série de matières colorantes de nuances diverses, possédant un éclat et une vivacité extraordinaires.

Leur application permit aux teinturiers de réaliser des effets inconnus jusqu'alors, et donna à nos fabricants de précieux moyens d'expression.

C'est à cette même époque que fut lancé un produit nouveau qui amena une véritable révolution en teinture, nous voulons parler de la *Pourpre française* qui fut le premier violet présentant une certaine solidité. La pourpre française est un dérivé de l'orseille, obtenu par oxydation en présence de l'ammoniaque à une température de 50 à 60 degrés. Elle rappelle les propriétés de l'orseille avec une certaine solidité, elle vire moins facilement par les acides et c'est en cela que consistait surtout, à l'époque, son grand mérite. Sans les couleurs d'aniline la pourpre française eut été appelée à un grand avenir et elle eut un légitime succès vers 1856.

La découverte en est due à un Lyonnais, M. Marnas de la maison Guinon, Marnas et Bonnet.

C'est encore à la même maison et dès 1860, qu'est due la fabrication industrielle des *corallines* jaunes et rouges, employées dans la teinture de la soie, pour la fabrication des laques pour papiers peints, la coloration des cuirs et l'impression sur tissus.

Ajoutons que c'est également la maison Guinon, Marnas et Bonnet qui fit connaître, dans le courant de 1860, l'*azuline*, magnifique couleur bleue produite par la réaction de l'acide rosalique sur l'aniline, par conséquent, le premier bleu d'aniline qui ait été appliqué à la teinture de la soie.

La découverte des *bleus d'aniline* par MM. Girard et Delaire, en janvier 1861, devait faire oublier l'azuline.

Notons aussi que c'est à un Lyonnais, M. Félix Charvin, qu'est due la découverte du vert *le Nerprum*, analogue au fameux vert le Lo-Kao, découverte qui valut à son auteur le 20 juin 1870, un prix de 6.000 fr. décerné par la Chambre de Commerce de Lyon.

Cette industrie des matières colorantes artificielles, née à Lyon, ne cesse de se développer. Nous avons dit que sa production annuelle atteignait de nos jours cent cinquante millions de francs, pour l'ensemble des pays industriels.

Mais la création de pareils éléments de richesse, n'est pas la seule conséquence de la grande découverte lyonnaise.

La fabrication industrielle des matières colorantes artificielles a montré à tous la puissance de production de la synthèse chimique. Successivement, on a réalisé la synthèse de parfums, de médicaments, de matières explosives: de nouvelles industries ont ainsi pris naissance.

Plusieurs d'entre elles sont nées et se sont développées dans les fabriques mêmes de matières colorantes artificielles.

La fabrication de l'acide picrique est devenue une grosse industrie entre les mains de la maison Guinon, Picard et Jay, à Saint-Fons, qui a fourni à l'artillerie dès 1886 les premiers éléments du nouvel armement des obus à la *mélinite*. C'est M. Lucien Picard qui en organisa la fabrication dans les établissement des poudres et salpêtres et c'est de l'usine de Saint-Fons que sont sortis tous les perfectionnements apportés à cette fabrication.

C'est encore la même usine qui fournit à l'Etat Français la préparation de la *crésylite*, explosif allant de pair avec la *mélinite* et diverses autres fabrications spéciales d'explosifs entrés dans l'armement de la défense nationale.

Les principales fabriques de couleurs d'aniline de la région lyonnaise sont, en outre de la maison Guinon, Picard et Jay, qui a eu pour successeurs MM. Lucien Picard et Cie, à Saint-Fons :

MM. **L. Durand, Huguenin et Cie**, à Saint-Fons, qui fabriquent l'aniline et les dérivés de la houille qui s'y rattachent, et toute la série des couleurs azoïques.

MM. Gilliard, P. Monnet et Cartier, dont l'usine à Saint-Fons date de 1883, qui préparent en outre des couleurs d'aniline et des extraits tannants, la *résorcine* industrielle et médicinale, l'*anisoline*, nouvelle matière colorante découverte par M. P. Monnet, l'*antipyrine*, le *chlorure d'éthyle*, l'*exalgine*, l'*acide salycilique*, les *naphtols*, les *acides acétiques*.

La Manufacture Lyonnaise de matières colorantes, à Lyon.

MM. Sévoz et Boasson, à Lyon.

La succursale de la Badische Anilin et Soda Fabrik, à Neuville-sur-Saône.

Les produits pharmaceutiques, extraits des dérivés de la houille, comme l'antipyrine, sont représentés, en dehors de la maison Gilliard, P. Monnet et Cartier, par la maison Givaudan et Trouillat, successeurs du Docteur Crolas. La maison Stéphane Girard, qui vient de se transformer en Société Anonyme des Produits chimiques de Fontaines-sur-Saône, a joint à son usine de Fontaines, de distillation du bois, une fabrique de produits purs pour laboratoire et pharmacie, tels que l'éther, le chloroforme, les parfums artificiels et tous les produits dérivés. Cette fabrique, dirigée par M. Leser, chimiste distingué, vient combler une lacune de l'industrie française, ces produits étant jusqu'ici fabriqués surtout en Allemagne.

Enfin MM. Lumière ont établi à Monplaisir, dans leur fabrique de plaques photographiques, une véritable usine de produits chimiques pour la photographie; ils ont trouvé de nouveaux révélateurs tirés des produits dérivés de la houille (*le paramidophénol*) et, mieux encore, ont les premiers établi une théorie rationnelle de ces substances. La photographie des couleurs, inventée par Lippmann, a reçu ses premiers perfectionnements dans le laboratoire si bien installé de MM. Lumière, et il est à espérer que si ce procédé devient pratique, c'est à leurs travaux qu'il le devra.

Une nouvelle voie s'ouvre en ce moment aux chimistes à la suite des découvertes de Pasteur : c'est la fabrication de produits chimiques avec l'aide des fermentations microbiennes. Après avoir causé la révolution que l'on sait dans la connaissance des fermentations qui sont la base de l'industrie de la bière et de l'alcool, dans celle des maladies infectieuses qui toutes sont dues à des fermentations microbiennes développées au sein de l'organisme, dans celle des grands phénomènes agricoles où les microbes du sol jouent un rôle si important, les idées de Pasteur vont amener la création de nouvelles industries où le chimiste, domestiquant les microbes, leur fera produire les corps recherchés par l'industrie. La maison Gilliard, Monnet et Cartier est en train de fabriquer par cette méthode l'*acide lactique* et les *lactates* et un brevet a été pris, hors de Lyon, pour la fabrication par le même moyen de l'*acide citrique*. On ne peut pressentir quelle sera la fécondité de cette nouvelle méthode.

Couleurs végétales. — L'industrie des matières colorantes artificielles, dérivées de la houille, n'a pas supprimé l'ancienne industrie des matières colorantes extraites des végétaux ou des couleurs minérales. Les bois de teinture triturés par la maison Julliard et Josserand, chemin de Baraban, donnent lieu à la fabrication des extraits chez plusieurs teinturiers, sans compter les usines proprement dites de produits colorants (Picard, Randu, etc.).

L'orseille continue à être traitée ; M. Bourget Alexis, de Lyon, est le premier qui ait extrait, en 1815, les produits colorants des lichens appelés *orseille*.

Cette fabrication, qui se faisait autrefois par l'oxydation des acides colorables des lichens orseille en présence de l'urine a été perfectionnée à Lyon par l'emploi de l'ammoniaque. Ce sont les maisons Péter, Guinon et Cie, et Martin qui se distinguèrent les premières dans ces fabrications et qui furent suivies par les Ribollet frères. Cette industrie est restée presque exclusivement lyonnaise et se trouve représentée aujourd'hui par les maisons suivantes :

Lucien Picard et Cie, successeurs de Péter, Guinon et Cie, à St-Fons ; Blanchon et Allégret, successeurs de Ribollet frères ; Laroche et Julliard, successeurs de Laroche et Ruegg qui ont leurs usines à Lyon.

Les extraits de la garance ont au contraire à peu près disparu devant l'alizarine. La tentative de Deschamps, pharmacien à Lyon en 1823 pour extraire de la pellicule du raisin noir une matière colorante pour la soie n'a pas eu de suite.

Couleurs minérales. — Le bleu de Prusse ou ferrocyanure ferrique, découvert en 1704, à Berlin, se prépare par l'action du ferrocyanure de potassium ou prussiate de potasse sur un sel de fer. Le prussiate de potasse se prépare en calcinant des matières organiques : cornes, sang, en présence de potasse caustique. En 1823, nous trouvons cette industrie déjà implantée à Bouxvillers ; Souchon, pharmacien à Lyon, en monte une fabrication. En 1844, MM. Coignet montèrent la fabrication du prussiate de potasse dans leur usine de phosphore. Mais, par la suite, ils abandonnèrent cette industrie, pendant que les mines de Bouxvillers abandonnaient celle de la colle et du phosphore.

BLEU D'OUTREMER. — Le bleu d'outremer naturel est la poudre d'un minéral connu sous le nom de lapis-lazuli. En 1814, Tassart observo la formation d'une matière bleue dans les fours à soude. Vauquelin, lui, trouva la composition de l'outremer naturel. La Société d'encouragement pour l'industrie fonda un prix pour la réalisation industrielle de ce produit (1824). En 1827, M. Guimet résolut le problème dans son usine de Neuville et garda secret son procédé de fabrication. M. Christian Gmelin, de Tubingue, publia, en 1828, un procédé qu'il avait découvert de son côté, et qui consiste à calciner un mélange intime de kaolin, carbonate de soude, sulfate de soude, soufre et charbon. On admet qu'il se forme du bisulfure de sodium qui réagit sur le kaolin.

Le premier kilo d'outremer extra-fin fut vendu par M. Guimet 600 francs le kilo. Aujourd'hui, l'outremer artificiel, devenu l'objet d'une grande industrie, se vend de 2 à 3 fr. le kilo.

PRODUITS DIVERS. — A côté des couleurs, il se prépare, à Lyon, une foule de produits consommés par la teinture et l'apprêt.

Nous citerons :

1° Le mordant de rouille (sous-sulfate ferrique) employé depuis longtemps pour la charge de la soie en noir ;

2° Le sulfate de cuivre : En 1824, le jury de l'Exposition signale le sulfate de cuivre, façon de Lyon ;

3° Les sels d'étain, principalement le bichlorure, employés pour la charge de la soie teinte en clair. La maison Bonnet, Ramel et Savigny, teinturiers, a breveté un procédé pour régénérer les sels d'étain des bains de teinture épuisés ;

4° La fécule et dextrine employées dans les apprêts.

Viennent enfin les produits pour le blanchiment.

Les chlorures décolorants, eau de Javel (hypochlorite de potasse) ont toujours été fabriqués à Lyon depuis leur découverte, et ont trouvé un emploi fréquent dans les opérations préliminaires à la teinture. Le blanchiment par l'acide sulfureux et les bisulfites, a amené la fabrication de ces derniers sels à l'usine Jalabert. Enfin, le blanchiment plus récent, par l'eau oxygénée, a décidé M. Gignoux, à établir, chemin des Pins, une usine de bioxyde de baryum et eau oxygénée qui fonctionnera bientôt. Cette usine viendra compléter l'installation de l'eau oxygénée, qu'ont faite la plupart des teinturiers dans leurs usines. C'est toujours le procédé Thénard qui est employé.

Les vernis sont également représentés à Lyon par plusieurs maisons importantes.

En terminant cette longue revue, forcément écourtée néanmoins dans certaines parties, nous constaterons que Lyon peut revendiquer une part importante dans l'évolution de l'industrie chimique de notre pays.

L'emploi des pyrites pour la fabrication de l'acide sulfurique qui a permis d'abaisser singulièrement le prix de cette matière première de presque toutes les industries chimiques; la fabrication de la colle forte d'os à pression et celle des colles-gélatines ; la préparation industrielle du bleu d'outremer artificiel, de la fuschine, point de départ de toutes les matières colorantes dérivées de la houille, sont les créations originales de Lyon dans le domaine de la chimie. A côté viennent prendre place les innombrables perfectionnements apportés aux industries chimiques nées ailleurs et implantées sur le sol lyonnais.

Pour persévérer dans la voie du progrès, l'industrie chimique lyonnaise doit de plus en plus s'inspirer des travaux de science pure qui émanent de tous les établissements d'enseignement chimique de notre ville. La plupart des grandes usines et teintureries de notre ville ont aujourd'hui des laboratoires dirigés par des chimistes sortis de l'Ecole Centrale lyonnaise, de l'Ecole de la Martinière, et depuis quelques années de l'Ecole de Chimie industrielle fondée par M. Raulin, comme annexe de la Faculté des Sciences.

Nous devons une mention spéciale à l'Ecole de Chimie industrielle, parce que c'est une institution spéciale aux arts chimiques, destinée à rendre de grands services à nos industriels.

Depuis longtemps la Chambre de Commerce de Lyon, sentait qu'il y avait une lacune à combler dans l'enseignement chimique.

En 1883, M. Raulin, professeur à la Facultés des Sciences, vint offrir son concours à la Chambre de Commerce, qui manifesta sa sympathie à cette institution en lui accordant son haut patronage et en votant une première subvention de 5.000 francs et un certain nombre de bourses ; depuis, le chiffre de la subvention annuelle a varié entre 5.000 et 4.000 francs, et le chiffre des bourses, fixé la première année à 1.600 francs, a été porté dès la deuxième année à une somme annuelle de 3.200 francs.

Enfin, en 1885, elle prit à sa charge la moitié du traitement d'un maître de conférences, 2.500 francs par an.

Ce ne sont pas les seuls encouragements que l'Ecole reçoive :

Subvention annuelle de la Ville, 4.000 francs et des bourses ;

Subventions et bourses de l'Etat, bourses du département.

Enfin la Faculté paye la moitié des traitements des maîtres de conférences, et entretient deux chefs de travaux ; les études durent trois ans.

La première année est consacrée à l'étude de la chimie minérale ; la seconde à celle de la chimie organique, enfin la troisième année les élèves étudient les matières colorantes et la teinture.

En outre, le directeur, M. Raulin, lui consacre gratuitement la plus grande partie de son temps.

Pour vivifier cet enseignement technique, et l'élever à un niveau supérieur, de bons esprits souhaitent la création à Lyon d'un institut chimique, offrant à tous les professeurs l'installation matérielle la plus perfectionnée, et permettant le contact le plus intime entre les diverses chaires de chimie. Ainsi pourrait prendre naissance à Lyon une Ecole de Chimie à la fois théorique et pratique qui, en relations fréquentes avec le monde industriel de notre ville, y trouverait des sujets d'étude sans cesse renaissants, et serait pour lui une pépinière d'hommes capables de le maintenir dans la voie du progrès. C'est par le souhait de voir se réaliser cette idée que nous terminerons.

TABLE DES MATIÈRES

Hommage à la Chambre de Commerce de Lyon. 3
Tableau des membres de la Chambre Syndicale (1893-1894) 5
Tableau des membres du Syndicat au 31 décembre 1893 7
Loi du 21 mars 1884 sur les syndicats professionnels 12
Statuts du Syndicat 17
Etude sur le Syndicat (Origine, fondation, but, moyens d'action, situation
  financière, importance) 21
Etude de la Loi sur les Syndicats professionnels 29

Historique des Travaux du Syndicat 31

CHAPITRE PREMIER.

Octroi. — Régie.

Octroi de Lyon 31
Droits d'octroi sur les harengs blancs (1874). 31
— sur les salaisons et les raisins secs (1881). 31
Abaissement du minimum des sorties (1882) 32
Révision des tarifs d'octroi en 1892 32
Droits d'octroi sur le mâchefer (1892). 32
Suppression des octrois. 33
Circulation des vernis à Lyon (1874) (1887) 33
Dénaturation des alcools (1880) 34
Impôt sur les huiles et les savons (1873) 34
Application de la taxe de consommation sur les huiles (1873). 34
Déchet 5 °/₀ sur l'épuration des huiles (1874). 35
Impôt de 1889 sur les raisins secs 35

CHAPITRE II.

COMMERCE GÉNÉRAL. — DOUANES. — TRAITÉS DE COMMERCE. — COMMERCE EXTÉRIEUR.

Traité de commerce (1879). 36
Questionnaire de 1887. 37
Questionnaire du Comité supérieur du Commerce (1889). 37
Tarif des douanes (1892) 38
Droits sur les blés (1884-1886) Admission temporaire des semoules destinées
    à la fabrication des pâtes alimentaires. 39
Droits sur le riz 40
Droits sur le café, le cacao, etc. (1887) 41
Traité de commerce Franco-Italien 41
Traité de commerce Franco-Autrichien (1883). 42
Traité de commerce Franco-Roumain (1887). 42
Bill Mac Kinley (1890-1893). 42
Traité Franco-Suisse (1892) 43
Mélange des cafés en douane (1876) 43
Poste de douane à la gare de la Guillotière (1878) 43
Transformation de la douane de Lyon en entrepôt international (1878-1883) 44
Fonctionnement des bureaux de la douane (1885). 44
Laboratoire de chimie à la douane de Lyon (1883). 44
Transit international par batellerie (1886-1888. 44
Création d'un entrepôt réel des sucres indigènes à Lyon (1886-1893). . . 45
Droits de statistique sur les pâtes alimentaires. 46
Documents statistiques (1892) 46

CHAPITRE III.

RÉGIME FISCAL.

Impôt 3 % sur le revenu du capital des Sociétés en nom collectif (1875). . 47
Impôt 4 % sur les intérêts des emprunts des Sociétés en nom collectif (1892) 47
Timbre des affiches (1888). 48
Les droits sur le pétrole (1888-1893) 48
Régime des sucres (1880-1890). 49
Sucrage des vendanges (1884-1886). 50
Droits d'accise sur la bougie (1890-1893). 50
Loi sur les patentes 1880 et 1890. 50
Les timbres de quittances. 25

CHAPITRE IV.

TÉLÉPHONES. — COLIS-POSTAUX.

Régime des téléphones 52
Régime des Colis-postaux 53

CHAPITRE V.

Chemins de fer. — Navigation.

Impôt 5 0/0 sur les transports en petite vitesse (1873) 55
Délais d'enlèvement et frais de magasinage 55
Responsabilité des compagnies de Chemins de fer 56
Réclamations à la Compagnie d'Orléans (1876) 57
Timbre des lettres de voiture (1887) 57
Transport des matières inflammables (1889) 58
Nouveaux tarifs des Chemins de fer (1880-1890) 58
Conditions communes aux tarifs spéciaux (1880) 60
Tarifs d'exportation pour les pâtes alimentaires (1886) 61
Billets d'aller et retour 61
Billets kilométriques 61
Obligation de la lettre d'avis 63
Canaux à dériver du Rhône 64
Amélioration de la navigation du Rhône 64
Droits sur la navigation 66
Transport des suifs d'Australie 67
Congrès international de navigation intérieure 68

CHAPITRE VI.

LOIS OUVRIÈRES.

Loi sur les accidents des ouvriers 69
Loi sur la journée de travail 71
Loi sur le travail des femmes, des filles mineures et des enfants 72
Loi sur les règlements d'atelier 75
Loi sur les retraites ouvrières 76
Loi sur les Sociétés coopératives 78

CHAPITRE VII.

LÉGISLATION COMMERCIALE.

Loi sur les marques de fabrique 81
Art. 105 et 108 du Code de Commerce 81
Article 110 du Code de Commerce 82
Loi sur les protêts 83
Loi sur les faillites et la liquidation judiciaire 84
Loi sur les Prud'hommes Commerciaux 68

CHAPITRE VIII.

QUESTIONS MONÉTAIRES.

Pièces de monnaie divisionnaire démonétisées 86
Abondance de la monnaie de billon 87
Monnaie de nickel 87

CHAPITRE IX.

QUESTIONS LOCALES.

Tribunal de Commerce (Élections) 88
Chambre de Commerce (Élections) 88
Gaz de Lyon 88
Hôtel des postes et télégraphes 89
Adjudications militaires de café 89

CHAPITRE X.

EXPOSITIONS.

Expositions universelles de Paris, 1878-1889 90
Exposition universelle de Lyon, 1894 90

CHAPITRE XI.

Histoire des Produits chimiques à Lyon.

PRÉFACE 93

GRANDE INDUSTRIE CHIMIQUE.

Acide sulfurique 96
Soude 100
Acide chlorydrique 102
Chlore 103
Acide nitrique 104
Borax et acide borique 104
Distillation des matières animales 105
Ammoniaque, noir animal 105
Colles 107
Gélatines d'os 109
Phosphore 114
Allumettes chimiques 115
Engrais chimiques 117
Sulfure de carbone 119

PRODUITS CHIMIQUES DIVERS.

Acide citrique 120
Acide tartrique. 120
Acide pyroligneux 120
Caoutchouc 121
Sulfate de baryte. 121
Cirage 121

CORPS GRAS.

Savon 122
Bougies stéariques 123

MATIÈRES TINCTORIALES ET COLORANTES, PRODUITS DÉRIVÉS.

Acide picrique. 126
Mauvéine. 127
Fuschine 128
Corraline 128
Azuline 129
Bleu d'aniline 129
Explosifs 129
Produits pharmaceutiques 130
Couleurs végétales 131
Couleurs minérales 131
Bleu d'Outremer. 132
Produits divers. 132
ÉCOLE DE CHIMIE INDUSTRIELLE. 133

14.820 — Lyon. — Imprimerie du SALUT PUBLIC, 71, rue Molière.

www.ingramcontent.com/pod-product-compliance
Lightning Source LLC
LaVergne TN
LVHW050828200726